YILIAO QIXIE GUANLI
YU FAGUI

# 医疗器械管理与法规

主编 / 阎华国　胡彬

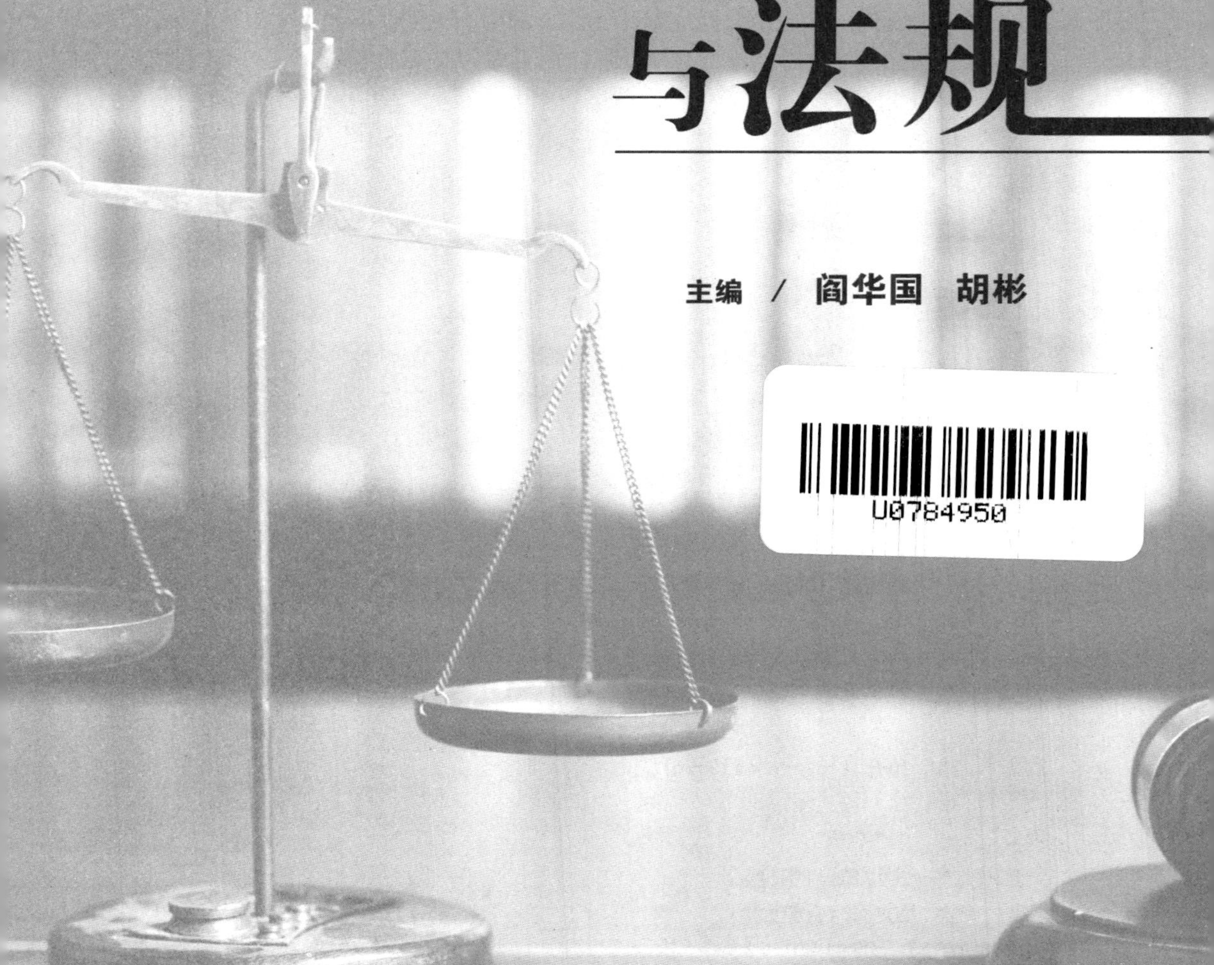



山东人民出版社 · 济南
国家一级出版社　全国百佳图书出版单位

**图书在版编目（CIP）数据**

医疗器械管理与法规 / 阎华国，胡彬主编. --济南 ：山东人民出版社，2023.1（2024.1重印）

ISBN 978-7-209-14403-2

Ⅰ.①医… Ⅱ.①阎… ②胡… Ⅲ.①医疗器械-管理-法规-中国-高等学校-教材 Ⅳ.①D922.16

中国国家版本馆CIP数据核字（2023）第014191号

主管单位 山东出版传媒股份有限公司
出版发行 山东人民出版社
出 版 人 胡长青
社　　址 济南市市中区舜耕路517号
邮　　编 250003
电　　话 总编室（0531）82098914
　　　　 市场部（0531）82098027
网　　址 http：//www.sd-book.com.cn
印　　装 济南万方盛景印刷有限公司
经　　销 新华书店

规　　格 16开（169mm×239mm）
印　　张 14
字　　数 260千字
版　　次 2023年1月第1版
印　　次 2024年1月第2次
ISBN 978-7-209-14403-2
定　　价 35.00元

# 编 委 会

**主　编**　阎华国　胡　彬

**副主编**　王俊峰　王学亮　张洪运　唐　睿　朱承志


阎华国　山东药品食品职业学院

胡　彬　浙江药科职业大学

王俊峰　内蒙古医科大学第二附属医院

王学亮　山东药品食品职业学院

张洪运　山东药品食品职业学院

唐　睿　山东药品食品职业学院

朱承志　湘潭医卫职业技术学院

# 目　录

# 项目一　医疗器械监管法规体系

## 任务一　我国医疗器械监管法规体系

### »任务导入

**案例**

**一、新版《医疗器械监督管理条例》颁布实施**

《医疗器械监督管理条例》于2020年12月21日经国务院第119次常务会议修订通过，国务院总理李克强于2021年2月9日签署第739号国务院令颁布，自2021年6月1日起施行。

问题：

1.《医疗器械监督管理条例》是什么性质的文件？

2. 修订前的《医疗器械监督管理条例》是什么时候发布施行的？为什么要修订？

**二、《医疗器械注册与备案管理办法》等规章公布施行**

为实施《医疗器械监督管理条例》，国家市场监督管理总局2021年第11次局务会议审议通过《医疗器械注册与备案管理办法》《体外诊断试剂注册与备案管理办法》，自2021年10月1日起施行。

问题：

1.《医疗器械注册与备案管理办法》是什么性质的文件？

2.《医疗器械注册与备案管理办法》是什么时候发布施行的？为什么要

修订？

**三、国家药监局发布《关于贯彻实施〈医疗器械监督管理条例〉有关事项的公告》**

2021年5月31日，国家药监局发布《关于贯彻实施〈医疗器械监督管理条例〉有关事项的公告》（2021年第76号），就贯彻实施新修订的《医疗器械监督管理条例》有关事项作出相应规定。

问题：

《关于贯彻实施〈医疗器械监督管理条例〉有关事项的公告》是什么性质的文件？

**» 相关知识与技能**

**一、医疗器械的定义**

医疗器械是指直接或者间接用于人体的仪器、设备、器具、体外诊断试剂及校准物、材料以及其他类似或者相关的物品，包括所需要的计算机软件。医疗器械效用主要通过物理等方式获得，不是通过药理学、免疫学或者代谢的方式获得，或者虽然有这些方式参与但是只起辅助作用。医疗器械的使用目的是：① 疾病的诊断、预防、监护、治疗或者缓解；② 损伤的诊断、监护、治疗、缓解或者功能补偿；③ 生理结构或者生理过程的检验、替代、调节或者支持；④ 生命的支持或者维持；⑤ 妊娠控制；⑥ 通过对来自人体的样本进行检查，为医疗或者诊断目的提供信息。

**二、医疗器械监管法规体系的组成**

医疗器械监管法规体系包括法律、行政法规、部门规章及规范性文件，其中行政法规是核心，部门规章是主体，规范性文件是必要补充，它们在法规体系中各司其职，共同构成了医疗器械法规体系的架构。

（一）法律

法律是由全国人民代表大会及其常务委员会依照立法程序制定和颁布的规范性法律文件，其法律效力仅次于宪法。法律可以分为全国人民代表大会制定的基本法律和全国人大常委会制定的基本法律之外的法律。我国目前还没有专门以医疗器械为调整对象的法律。但是，与医疗器械监管工作相关联的其他法律很多，主要有以下几部。

《中华人民共和国行政许可法》：自2004年7月1日起施行，2019年进行了修订，医疗器械行业产品注册、生产许可、经营许可等要遵守该法的相关规定。

《中华人民共和国行政处罚法》：自1996开始施行，2009年、2017年、2021年进行了三次修订，该法相关规定是药品监管部门处罚医疗器械违法行为的法律依据。

《中华人民共和国行政复议法》：自1999年10月开始施行，2009年、2017年进行了二次修订，该法进一步规范和约束了行政监督和行政管理行为，对于维护医疗器械行业中生产经营企业、使用单位的合法权益起到重要作用。

《中华人民共和国行政诉讼法》：自1990年施行以来，2014年、2017年进行了二次修订，该法目的在于保证人民法院正确、及时审理行政案件，保护公民、法人和其他组织的合法权益，维护和监督行政机关依法行使行政职权。在医疗器械监督管理中，如果相关当事人认为药品监管部门的行政行为侵犯了自己的合法权益，有权通过提起行政诉讼的方式维护自己的权益。

《中华人民共和国广告法》：自1994年施行以来，2015年、2018年经过三次修订，医疗器械广告审批、广告发布及违法广告的处罚遵守该法相关规定。

（二）行政法规

行政法规由国务院制定并颁布，医疗器械行业的行政法规是《医疗器械监督管理条例》，该法规是我国医疗器械监管法规体系的核心，对医疗器械研制、生产、经营、使用及监督管理等方面的问题都作了基本规定，涉及医疗器械产品研制、生产、经营、使用、不良事件监测及医疗器械监管。

2000版《医疗器械监督管理条例》：2000年1月4日，国务院总理朱镕基签署第276号国务院令，颁布《医疗器械监督管理条例》，自2000年4月1日起开始施行。

2014版《医疗器械监督管理条例》：2014年3月7日，国务院总理李克强签署第650号国务院令，颁布新修订的《医疗器械监督管理条例》，自2014年6月1日起施行。

2017版《医疗器械监督管理条例》：2017年5月4日，国务院总理李克强签署第680号国务院令，颁布新修订的《医疗器械监督管理条例》，自公布之日起施行。

2021版《医疗器械监督管理条例》：2021年3月9日，国务院总理李克强签署第739号国务院令，颁布新修订的《医疗器械监督管理条例》，自2021年6月1日起施行。

（三）部门规章

所谓部门规章，是指国务院相关部委根据法律和国务院的行政法规、决定、命令，在本部门的权限范围内制定的规章。这些部门规章，对医疗器械全生命周期各环节监管作出了相应规定，是对《医疗器械监督管理条例》规定内容的细化，对医疗器械研制、生产、经营、使用、不良事件监测和再评价等环节作出了针对性规定，数量多且操作性强，构成了医疗器械法规体系的主体内容。根据管理范围，这些部门规章分为上市前规章和上市后规章。

1. 上市前规章

《医疗器械分类规则》，国家食品药品监督管理总局令第15号，自2016年1月1日起施行。

《医疗器械注册与备案管理办法》，国家市场监督管理总局令第47号，自2021年10月1日起施行。

《体外诊断试剂注册与备案管理办法》，国家市场监督管理总局令第48号，自2021年10月1日起施行。

《医疗器械生产监督管理办法》，国家市场监督管理总局令第53号，自2022年5月1日起施行。

《医疗器械说明书和包装管理规定》，国家食品药品监督管理总局令第6号，自2014年10月1日起施行。

《医疗器械标准管理办法》，国家食品药品监督管理总局令第33号，自2017年7月1日起施行。

《医疗器械通用名称命名规则》，国家食品药品监督管理总局令第19号，自2016年4月1日起施行。

2. 上市后规章

《医疗器械经营监督管理办法》，国家市场监督管理总局令第54号，自2022年5月1日起施行。

《医疗器械网络销售监督管理办法》，国家食品药品监督管理总局令第38号，自2018年3月1日起施行。

《药品、医疗器械、保健食品、特殊医学用途配方食品广告审查管理暂行办法》，国家市场监督管理总局令第21号，自2020年3月1日起施行。

《医疗器械使用质量监督管理办法》，国家食品药品监督管理总局令第18号，自2016年2月1日起施行。

《医疗器械不良事件监测和再评价管理办法》，国家市场监督管理总局令第1号，自2019年1月1日起施行。

《医疗器械召回管理办法》，国家食品药品监督管理总局令第29号，自2017年5月1日起施行。

《药品医疗器械飞行检查》，国家食品药品监督管理总局令第14号，自2015年9月1日起施行。

（四）规范性文件

医疗器械规范性文件，是指除行政法规、部门规章外，医疗器械监管部门在法定职权范围内依照法定程序制定并公开发行的针对医疗器械的文件，其形式主要有公告、通知、通告等。这些规范性文件数量众多、内容丰富、形式多样，对行政法规、部门规章的实施作出了更加具体的规定。

《国家药监局关于贯彻实施〈医疗器械监督管理条例〉有关事项的公告》（2021年第76号），2021年5月31日发布。

《国家药监局关于公布〈免于经营备案的第二类医疗器械产品目录〉的公告》（2021年第86号），2021年6月28日发布。

《国家药品监督管理局关于实施〈医疗器械注册与备案管理办法〉〈体外诊断试剂注册与备案管理办法〉有关事项的通告》（2021年第76号），2021年9月28日发布。

《国家药监局关于发布免于临床评价医疗器械目录的通告》（2021年第71号），2021年9月16日发布。

《国家食品药品监督管理总局关于发布医疗器械生产质量管理规范的公告》（2014年第64号），2014年12月29日发布。

《国家食品药品监管总局关于印发医疗器械生产质量管理规范现场检查指导原则等4个指导原则的通知》（食药监械监〔2015〕218号），2015年9月25日发布。

《国家食品药品监督管理总局关于施行医疗器械经营质量管理规范的公告》（2014年第58号），2014年12月12日发布。

《国家药监局关于发布国家医疗器械监督抽检结果的通告》（第3号）（2021年第69号），2021年9月15日发布。

《国家药监局关于发布YY 0671-2021〈医疗器械 睡眠呼吸暂停治疗 面罩和应用附件〉等63项医疗器械行业标准的公告》（2021年第109号），2021年9月6日发布。

《国家药监局关于批准注册109个医疗器械产品的公告》（2021年第113号），2021年9月13日发布。

课堂活动：

上网查询：医疗器械法规。

查询方法：

1. 法律行政法规工作文件：国家药监局网站—法规文件—查询。

2. 公告通告：国家药监局网站—公告通告—查询。

# 任务二 医疗器械监督管理条例

## »任务导入

**案例**

国家药监局关于开展规范装饰性彩色隐形眼镜生产经营行为专项整治行动的通知

**一、工作目标**

医疗器械注册人、生产经营企业以及网络交易服务第三方平台要严格执行《医疗器械监督管理条例》及有关配套规章制度，严格落实企业和平台主体责任，持续加强风险防控和质量管理，切实保障装饰性彩色隐形眼镜质量安全。

**二、工作任务**

1. 规范装饰性彩色隐形眼镜生产行为。

2. 规范装饰性彩色隐形眼镜经营行为。

3. 规范网络销售装饰性彩色隐形眼镜行为。

4. 依法严查重处各类违法违规行为。依法加大对违法违规生产经营装饰性彩色隐形眼镜行为的查处力度，对故意从事违法生产经营的医疗器械注册人、生产经营企业，依法从严从重处罚，落实违法行为要处罚到人要求，对严重违法违规企业的法定代表人、主要负责人、直接负责的主管人员和其他责任人员，依法予以严厉处罚，实施行业禁入。

**三、问题**

1. 生产医疗器械有哪些要求？

2. 经营医疗器械有哪些要求？

## »相关知识与技能

### 一、总则

立法目的：保证医疗器械的安全、有效，保障人体健康和生命安全，促进医疗器械产业发展。

1. 适用范围

地域：中华人民共和国境内。

对象：从事医疗器械研制、生产、经营、使用、监督管理的单位和个人。

医疗器械监督管理部门：国家药监局负责全国医疗器械监管工作，国务院有关部门在各自的职责范围内负责与医疗器械有关的监督管理工作。县级以上地方人民政府负责药品监督管理的部门负责本行政区域的医疗器械监督管理工作。县级以上地方人民政府有关部门在各自的职责范围内负责与医疗器械有关的监督管理工作。

2. 分类管理

国家对医疗器械按照风险程度实行分类管理。

第一类：风险程度低，实行常规管理可以保证其安全、有效（风险小、管理松）。

第二类：有中度风险，需要严格控制管理以保证其安全、有效。

第三类：有较高风险，需采取特别措施严格控制管理以保证其安全、有效（风险大、管理严）。

医疗器械产品应当符合医疗器械强制性国家标准；尚无强制性国家标准的，应当符合医疗器械强制性行业标准。

### 二、医疗器械产品注册与备案

1. 医疗器械产品需要申请注册或备案，持有注册证或备案凭证才能生产、销售和使用。

（1）第一类医疗器械实行备案管理

境内第一类器械：向市级市场监管局提交备案资料，发给《医疗器械备案凭证》。

境外第一类器械：向国家药监局提交备案资料，发给《医疗器械备案凭证》。

（2）第二类医疗器械实行注册管理

境内第二类器械：向省级药监局申请注册，批准后发给《医疗器械注册证》。

境外第二类器械：向国家药监局申请注册，批准后发给《医疗器械注册证》。

（3）第三类医疗器械实行注册管理

境内、境外第三类器械：向国家药监局申请注册，批准后发给《医疗器械注册证》。

医疗器械注册证有效期为5年，有效期届满需要申请延续注册。

## 中华人民共和国医疗器械注册证

（格式）

注册证编号：

| | |
|---|---|
| 注册人名称 | |
| 注册人住所 | |
| 生产地址 | |
| 代理人名称 | （进口医疗器械适用） |
| 代理人住所 | （进口医疗器械适用） |
| 产品名称 | |
| 型号、规格 | |
| 结构及组成 | |
| 适用范围 | |
| 附　件 | 产品技术要求 |
| 其他内容 | |
| 备　注 | |

审批部门：

批准日期：年　月　日
生效日期：年　月　日
有效期至：年　月　日

（审批部门盖章）

图 1–1　医疗器械注册证（格式）

2. 医疗器械注册人、备案人制度

（1）注册人、备案人：取得医疗器械注册证或办理备案的企业或研制机构。

（2）原则：注册人、备案人加强医疗器械全生命周期质量管理，对研制、生产、经营、使用全过程中器械的安全性、有效性依法承担责任。

（3）生产环节：《医疗器械监督管理条例》第三十四条规定："医疗器械注册人、备案人可自行生产医疗器械，也可委托符合本条例规定、具备相应条件的企业生产医疗器械。"

（4）经营环节：《医疗器械监督管理条例》第四十三条规定："医疗器械注册人、备案人经营其注册、备案的医疗器械，无需办理医疗器械经营许可或者备案，但应当符合本条例规定的经营条件。"

（5）不良事件监测：注册人、备案人应建立不良事件监测体系，配备机构和人员，对其产品主动开展不良事件监测。

（6）召回：注册人、备案人发现医疗器械不符合强制性标准、产品技术要求或存在其他缺陷，应该停止生产，通知停止经营和使用，召回医疗器械，采取补救、销毁等措施。

**三、医疗器械生产**

1. 生产许可备案

医疗器械生产企业必须申请生产许可或办理生产备案，持有《医疗器械生产许可证》或《医疗器械生产备案凭证》才能生产医疗器械。

第一类医疗器械生产企业：向市级市场监督管理局备案，持有《医疗器械生产备案凭证》。

第二、三类医疗器械生产企业：向省级药监局申请生产许可，持有《医疗器械生产许可证》。

《医疗器械生产许可证》有效期为5年，有效期届满需要申请延续。

2. 从事医疗器械生产应该具备的条件

（1）有与生产的医疗器械相适应的生产场地、环境条件、生产设备以及专业技术人员。

（2）有能对生产的医疗器械进行质量检验的机构或者专职检验人员以

及检验设备。

（3）有保证医疗器械质量的管理制度。

（4）有与生产的医疗器械相适应的售后服务能力。

（5）符合产品研制、生产工艺文件规定的要求。

注册人、备案人、生产企业应当按照医疗器械生产质量管理规范要求，建立质量管理体系并保证其有效运行；严格按照产品技术要求组织生产，保证出厂的医疗器械符合强制性标准及经注册或备案的产品技术要求。

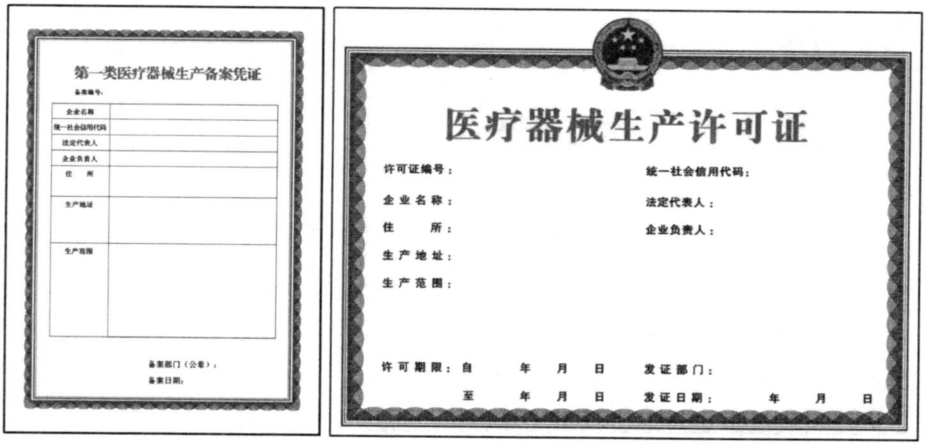
第一类医疗器械生产备案凭证

备案编号：

| | |
|---|---|
| 企业名称 | |
| 统一社会信用代码 | |
| 法定代表人 | |
| 企业负责人 | |
| 住　所 | |
| 生产地址 | |
| 生产范围 | |

备案部门（公章）：
备案日期：

医疗器械生产许可证

许可证编号：　统一社会信用代码：
企业名称：　法定代表人：
住　所：　企业负责人：
生产地址：
生产范围：
许可期限：自　年　月　日　发证部门：
至　年　月　日　发证日期：　年　月　日

图 1-2　医疗器械生产备案凭证、医疗器械生产许可证

## 四、医疗器械经营与使用

1. 经营许可备案

经营第一类医疗器械，不需要许可和备案。

经营第二类医疗器械，向市级市场监督管理局备案，持有《第二类医疗器械经营备案凭证》。

经营第三类医疗器械，向市级市场监督管理局申请经营许可，持有《医疗器械经营许可证》。

《医疗器械经营许可证》有效期为5年，有效期届满需要申请延续。

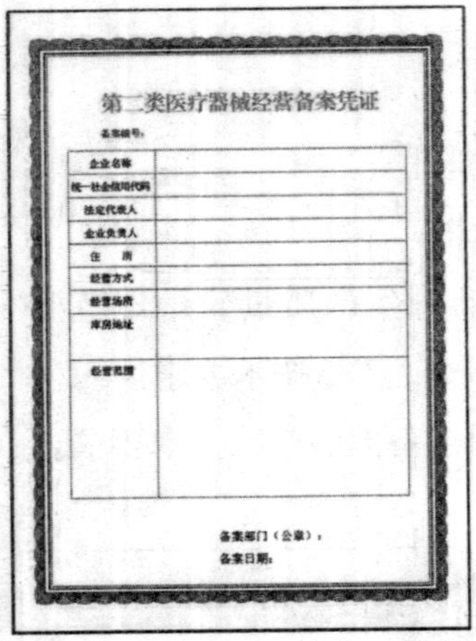


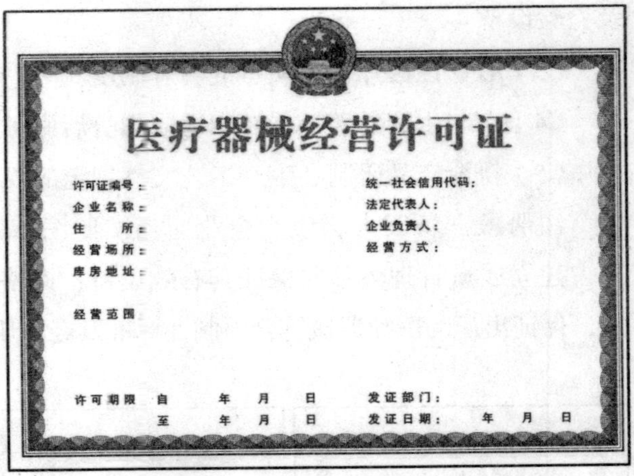


图 1-3　医疗器械经营备案凭证、医疗器械经营许可证

2. 经营、使用医疗器械要求

从事医疗器械经营，应当依照医疗器械经营质量管理规范的要求，建立健全与所经营医疗器械相适应的质量管理体系并保证其有效运行。

医疗器械经营企业、使用单位购进医疗器械时，应当查验供货者的资质和医疗器械的合格证明文件，建立进货查验记录制度。从事第二类、第三类医疗器械批发业务以及第三类医疗器械零售业务的经营企业，还应当建立销售记录制度。

从事医疗器械网络销售的，应当是医疗器械注册人、备案人或者医疗器械经营企业。从事医疗器械网络销售的经营者，应当将从事医疗器械网络销售的相关信息告知所在地市级市场监督管理部门。

医疗器械运输、储存应该符合说明书的要求。

使用单位对需定期检查、校准、维护的医疗器械，应按说明书要求进行检查、校准、维护并记录。对使用期限长的大型医疗器械，应逐台建立使用档案。

使用单位应当妥善保存购入第三类医疗器械的原始资料，并确保信息具有可追溯性。

使用大型医疗器械及植入医疗器械，应将医疗器械的名称、关键性技术参数记载到病历等相关记录中。

发现医疗器械存在安全隐患，使用单位应立即停止使用，通知医疗器械注册人、备案人进行检修。

经营企业、使用单位不得经营、使用未注册备案、无合格证明及过期、失效、淘汰的医疗器械。

使用单位之间转让在用医疗器械，转让方应当确保医疗器械安全、有效，不得转让过期、失效、淘汰以及检验不合格的医疗器械。

医疗器械广告内容应真实合法，不得含有虚假、夸大、误导性的内容。

进口的医疗器械应当是已注册或已备案的医疗器械。进口的医疗器械应有中文说明书、中文标签。

**五、不良事件的监测与再评价**

1. 不良事件监测

国家建立不良事件监测制度，对不良事件及时进行收集、分析、评价、控制。

注册人、备案人应当建立不良事件监测体系，配备监测机构和人员，对其产品主动开展不良事件监测。

生产经营企业使用单位应该协助注册人、备案人开展不良事件监测，发现不良事件，按规定向不良事件监测机构报告。

其他单位和个人发现不良事件，有权向药监部门报告。

不良事件监测技术机构应主动收集不良事件信息，发现不良事件或者接到不良事件报告的，应当及时进行核实，必要时进行调查、分析、评估，向药监部门和卫生部门报告并提出处理建议。

药监部门应根据医疗器械不良事件评估结果及时采取发布警示信息以及责令暂停生产、进口、经营和使用等控制措施。

2. 医疗器械再评价

医疗器械注册人、备案人应当主动开展已上市医疗器械再评价，根据再评价结果，采取相应控制措施，对已上市医疗器械进行改进，并按照规定进行注册变更或者备案变更。再评价结果表明已上市医疗器械不能保证安全、有效的，医疗器械注册人、备案人应当主动申请注销注册证或者取消备案。

## 六、监督检查

国家建立职业化专业化检查员制度，加强对医疗器械的监督检查。

药监部门应当对医疗器械的研制、生产、经营活动以及使用环节的医疗器械质量加强监督检查，重点检查以下事项：①是否按照经注册或者备案的产品技术要求组织生产；②质量管理体系是否保持有效运行；③生产经营条件是否持续符合法定要求。

必要时，药监部门可以对为医疗器械研制、生产、经营、使用提供产品或者服务的相关单位和个人进行延伸检查。

有关单位和个人应对监督检查予以配合，提供相关文件和资料，不得隐瞒、拒绝、阻挠。

## 七、法律责任

未取得注册证、生产经营许可证而生产经营医疗器械的处罚（第81条）。

提供虚假资料取得注册证、生产、经营许可证、广告批准文号的处罚（第83条）。

伪造、买卖、出租医疗器械许可证件的处罚（第83条）。

生产、经营、使用不符合强制性标准或无合格证明、过期、失效、淘汰医疗器械的处罚（第86条）。

## 八、附则

医疗器械定义。

实施日期：2021年6月1日。

> 课堂讨论：
>
> 说一说新版《医疗器械监督管理条例》有哪些创新之处。

# 目标测试

## 一、单项选择题

1. 法律是一种（　　）

A. 技术规范　　B. 行为规范

C. 操作规范　　D. 道德规范

2. 国务院可以制定（　　）

A. 基本法律　　B. 行政法规

C. 部门规章　　D. 地方性法规

3. 下列法律规范性文件中，法律效力最低的是（　　）

A. 法律　　B. 行政法规

C. 部门规章　　D. 地方性法规

4. 下列法律规范性文件，不属于医疗器械监管法律法规的是（　　）

A. 行政许可法　　B. 行政处罚法

C. 产品质量法　　D.食品安全法

5.《医疗器械监督管理条例》属于医疗器械监管的（　　）

A. 法律　　B. 行政法规

C. 部门规章　　D. 地方性法规

6. 国家市场监督管理总局以第47号令发布了（　　）

A.《医疗器械注册与备案管理办法》

B.《医疗器械临床试验规定》

C.《医疗器械生产监督管理办法》

D.《医疗器械经营企业许可证管理办法》

7. 国家对医疗器械按照风险程度实行分类管理，其中（　　）风险大，管理严。

A. 第一类　　B. 第二类

C. 第三类　　D. 以上都不是

8. 医疗器械实行产品备案注册管理，境内第三类医疗器械注册由（　　）审查，批准后发给医疗器械注册证。

A. 国家药品监督管理局　　B. 省级药品监督管理部门

C. 市级市场监督管理部门　　D. 区县级市场监督管理部门

9. 医疗器械产品注册证书的有效期为（　　）

A. 5年　　B. 6年

C. 3年　　D. 因类别而定

10. 医疗器械说明书和标签文字内容应当使用（　　）

A. 中文　　B. 英文

C. 国产的用中文，进口的用英文　　D. 没有具体要求

11. 医疗器械产品名称应当使用（　　）

A. 商品名　　B. 通用名

C. 商品名、通用名共存　　D. 注册人自行确定

12. 开办第三类医疗器械生产企业应向（　　）申请生产许可，经审查符合规定条件的准予许可并发给《医疗器械生产许可证》。

A. 省级药品监督管理部门　　B. 国家药品监督管理局

C. 市级市场监督管理部门　　D. 区县级市场监督管理部门

13. 从事医疗器械经营应具备的条件不包括（　　）

A. 相应的质量管理部门　　B. 相应的经营场所和贮存条件

C. 相应的质量管理制度　　D. 相应的质量检验机构

14. 根据新《医疗器械监督管理条例》及《医疗器械经营监督管理办法》相关规定，经营第二类医疗器械实行（　　）管理。

A. 全面管理　　B. 备案管理

C. 许可管理　　D. 不需许可备案

15. 运输、贮存医疗器械，应当符合（　　）的要求。

A. 销售人员介绍　　B. 仓库保管人员

C. 医疗器械说明书和标签标示　　D. 医疗器械宣传资料

16. 从事第三类医疗器械经营的，经营企业应当向所在地（　　）负责药品监督管理部门申请经营许可，并提交相关资料。

A. 县级　　B. 设区的市级

C. 省级　　D. 国家级

17. 医疗机构对（　　），应逐台建立使用档案。

A. 植入器械　　B. 无菌器械

C. 介入器械　　D. 使用期限长的大型医疗器械

18. 医疗器械使用单位之间转让在用医疗器械的，（　　）应确保医疗器械的安全有效。

A. 接收方　　B. 县级以上市场监管部门

C. 医疗器械检测中心　　D. 转让方

**二、多项选择题**

1. 下列主体中，可以制定地方性法规的有（　　）

A. 山东省政府　　B. 山东省人大

C. 沈阳市政府　　D. 沈阳市人大

2. 医疗器械监管的目的是保证医疗器械的（　　）

A. 安全性　　B. 实用性

C. 有效性　　D. 质量可控

3. 下列医疗器械生产企业的哪些行为是法定的违法行为？（　　）

A. 未取得医疗器械注册证书而生产第二、第三类医疗器械的行为

B. 未取得《医疗器械生产许可证》生产第一类医疗器械的行为

C. 生产不符合强制性国家标准或者行业标准的医疗器械的行为

D. 以非法手段骗取医疗器械产品注册证书的行为

4. 医疗器械经营企业的下列行为中，哪些属于法定的违法行为？（　　）

A. 未取得《医疗器械经营许可证》而经营第三类医疗器械的行为

B. 经营无产品注册证书、无合格证明、过期、失效、淘汰的医疗器械的行为

C. 从无《医疗器械生产许可证》《医疗器械经营许可证》的企业购进医疗器械的行为

D. 以非法手段骗取《医疗器械经营许可证》的行为

5. 从事（　　）业务的经营企业应当建立销售记录制度。

A. 第二类医疗器械零售业务　　B. 第二类医疗器械批发业务

C. 第三类医疗器械批发业务　　　　D. 第三类医疗器械零售业务

6. 医疗器械使用单位不得购进和使用（　　）的医疗器械。

A. 未注册或备案　　　　B. 无合格证明

C. 过期　　　　D. 失效

**三、简答题**

1. 请简述我国医疗器械监管法规体系的组成。

2. 上网查询我国医疗器械监管法律法规。

3.简述《医疗器械监督管理条例》修订的历史。

# 项目二　医疗器械监管机构体系

## 任务　我国医疗器械监管机构

### »任务导入

**案例**

2018年4月，国家药监局药品不良反应监测中心收到某医院人工心肺机体外循环管道可疑医疗器械不良事件报告，经广州检验中心检验后发现体外循环管道中含有毒物质，使患者肝功能异常。

国家药监局采取紧急措施：责令生产企业暂停生产销售，召回所有批号体外循环管道；同时要求其他体外循环管道产品的生产企业，立即开展对该产品生产质量体系的全面检查并提交再评价报告。

引导问题：

1. 本案中出现的监管机构分别属于哪一类？

2. 该案中医疗器械监管机构分别履行了哪些职责？

### »相关知识与技能

医疗器械关系到使用者的身体健康和生命安全，因此对医疗器械要采取严格的监管措施，确保医疗器械安全有效质量可控，世界各国对医疗器械的监督管理，都离不开行政监管和技术支持两个主线，行政监管和技术支持构筑起医疗器械产品质量安全的屏障，保证医疗器械产品安全。

## 一、医疗器械行政监管机构

医疗器械行政监管机构主要是指各级人民政府、药监部门、市场管理部门、卫生健康部门。《医疗器械监督管理条例》第三条规定："国务院药品监督管理部门负责全国医疗器械监督管理工作。国务院有关部门在各自的职责范围内负责与医疗器械有关的监督管理工作。"《医疗器械监督管理条例》第四条规定："县级以上地方人民政府应当加强对本行政区域的医疗器械监督管理工作的领导，组织协调本行政区域内的医疗器械监督管理工作以及突发事件应对工作，加强医疗器械监督管理能力建设，为医疗器械安全工作提供保障。县级以上地方人民政府负责药品监督管理的部门负责本行政区域的医疗器械监督管理工作。县级以上地方人民政府有关部门在各自的职责范围内负责与医疗器械有关的监督管理工作。"

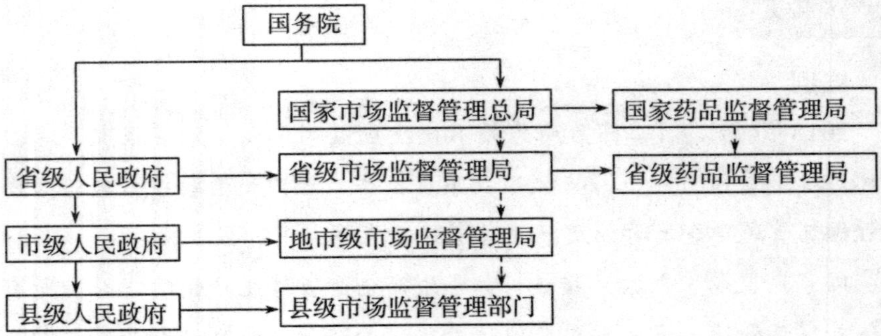


图 2-1　我国医疗器械行政监管机构示意图

1. 国家药品监督管理局

（1）历史演变

1998年成立国家药品监督管理局，直属国务院领导。

2003年3月成立国家食品药品监督管理局，直属国务院领导。

2008年3月国家食品药品监督管理局由卫生部管理。

2013年3月成立国家食品药品监督管理总局，直属国务院领导。

2018年3月成立国家药品监督管理局，由国家市场监督管理总局管理。

（2）内设机构

国家药品监管局内设机构中与医疗器械监管有关的是：医疗器械注册

管理司、医疗器械监管司。

医疗器械注册管理司职责：组织拟订并监督实施医疗器械标准、分类规则、命名规则和编码规则。拟订并实施医疗器械注册管理制度。承担相关医疗器械注册、临床试验审批工作。拟订并监督实施医疗器械临床试验质量管理规范、技术指导原则。承担组织检查研制现场、查处违法行为工作。

医疗器械监管司职责：组织拟订并依职责监督实施医疗器械生产质量管理规范。组织拟订并指导实施医疗器械经营、使用质量管理规范。承担组织指导生产现场检查、组织查处重大违法行为工作。组织质量抽查检验，定期发布质量公告。组织开展不良事件监测并依法处置。

图 2-2　国家药品监督管理局

2. 省级药品监督管理局与医疗器械监管相关部门：注册处、医疗器械监督管理处、政策法规处。

（1）注册处与医疗器械有关职责：承担行政许可（含注册）事项的受理、办理和组织协调工作，以及国家药监局委托审查的注册（备案）工作。承担药品、医疗器械广告内容的审查批准工作。监督实施医疗器械分类管理制度。承担药品医疗器械审评审批制度改革工作。

（2）医疗器械监管处职责：负责全省医疗器械的监督管理。拟订医疗器械生产经营行政许可制度并监督实施。依职责监督实施医疗器械生产质量管理规范，指导实施经营、使用质量管理规范。依职责组织生产环节的现场检查，指导经营、使用环节的现场检查，组织指导相关问题产品处置。组织开展不良事件监测并依法处置。组织实施医疗器械质量抽查检验，定期发布质量公告。监督实施医疗器械标准。

（3）政策法规处与医疗器械相关职责：拟订行政执法相关政策标准和稽查办案的措施办法并组织实施；指导、监督全省医疗器械行政执法工作；组织协调、督查督办有全省性影响或者跨区域的重大案件查处工作。

图 2–3　山东省药品监督管理局

3. 市级市场监督管理局与医疗器械监管有关的部门：行政许可科、医疗器械监督管理科、法规科。

（1）行政许可科与医疗器械相关职责：负责推进本系统行政审批制度改革工作，推进政务服务标准化；按照权限负责医疗器械行政许可、备案事项的受理、办理和组织协调；承担行政许可全程电子化工作；指导各区市、市属开发区相关工作。

（2）医疗器械监督管理科职责：负责全市医疗器械经营、使用环节的监督管理；监督实施医疗器械经营、使用质量管理规范；依职责组织指导医疗器械经营、使用环节的现场检查，组织指导相关问题产品处置；组织开展医疗器械不良事件监测并依法处置；组织实施医疗器械经营、使用环节质量抽查检验。

（3）法规科与医疗器械相关职责：拟订市场监管、知识产权综合执法以及稽查办案的措施办法和政策标准并组织实施；组织协调、督查督办在全市有影响性或者跨区域的重大案件查处工作；承担本级行政执法重大案件查处工作；承担行政复议、行政应诉和行政赔偿等相关工作。

图 2-4　济南市市场监督管理局

4. 区县级市场监管局与医器监管有关的部门：药械（化）监督管理科。

药械（化）监督管理科与医疗器械相关职责：负责全区医疗器械经营、使用环节的监督管理；监督实施医疗器械经营、使用质量管理规范；依职责组织指导医疗器械经营、使用环节的现场检查，组织指导相关问题产品处置；组织开展医疗器械不良事件监测并依法处置；组织实施医疗器械经营、使用环节质量抽查检验。组织指导有关违法行为的查处。

**二、医疗器械监管技术支持机构**

医疗器械作为机械、电子、光学、材料、生命科学等多学科交叉的前沿科技产品，技术特征非常明显。这就要求建立相应的技术规范，有相应技术支持机构负责执行和落实与医疗器械监管有关的技术规范。我国的医疗器械监管技术支持机构主要包括医疗器械产品检验中心、医疗器械技术审评中心、国家药品不良反应监测中心以及医疗器械标准化委员会等机构，他们在我国的医疗器械监管实践中发挥了十分重要的作用。

（一）医疗器械质量监督检验中心

医疗器械质量监督检验中心是医疗器械监管的重要技术支持机构，承担国家和省级医疗器械监督抽验、注册检验（包括进口注册检验）、委托检验、风险评价、新检验技术研究及标准制定修订等工作。经过多年努力，我国已经形成以国家级医疗器械检验机构为支柱、省级医疗器械检验机构为补充的检验机构体系。国家级医疗器械质量监督检验中心共有10所，分布在北京、上海、济南、天津、广州、沈阳、武汉、杭州等地，分别承担不同领域医疗器械检验任务。

表 2–1　国家级医疗器械检验中心

| 序号 | 医疗器械检验中心 |
|---|---|
| 1 | 中国食品药品检定研究院医疗器械质量监督检验中心 |
| 2 | 北京医疗器械质量监督检验中心 |
| 3 | 北大医疗器械质量监督检验中心 |
| 4 | 济南医疗器械质量监督检验中心 |
| 5 | 上海医疗器械质量监督检验中心 |
| 6 | 沈阳医疗器械质量监督检验中心 |
| 7 | 天津医疗器械质量监督检验中心 |
| 8 | 武汉医疗器械质量监督检验中心 |
| 9 | 杭州医疗器械质量监督检验中心 |
| 10 | 广州医疗器械质量监督检验中心 |

（二）医疗器械技术审评中心

1. 国家药监局医疗器械技术审评中心主要职能有：负责国产三类产品和进口产品注册申请的受理和技术审评工作；负责进口一类产品备案工作；参与拟订医疗器械注册管理相关法律法规和规范性文件；承担再生医学与组织工程等新兴医疗产品涉及医疗器械的技术审评；开展医疗器械审评相关理论、技术、发展趋势及法律问题研究；负责对地方医疗器械技术审评工作进行业务指导和技术支持。

2. 省级食品药品审评查验中心职责：为药品、疫苗、医疗器械、化妆品、食品等相关审评、核查、现场检查提供技术支撑，面向社会提供公益性咨询服务；承担省级药品检查员队伍日常管理工作。

（三）药品不良反应监测中心（药品评价中心）

1. 国家药品不良反应监测中心与医疗器械有关职责：制定修订医疗器械不良事件监测与上市后安全性评价技术标准和规范；组织开展医疗器械不良事件监测工作；开展医疗器械上市后安全性评价工作；指导地方相关监测与上市后安全性评价工作。

2. 省级药品不良事件监测中心与医疗器械有关职责：承担全省医疗器械不良事件等资料收集、核实、评价、反馈、上报工作；承担上市后医疗器械不良事件监测方法研究和交流工作；对全省上市后医疗器械不良事件监测工作提供技术指导，开展相关培训。

（四）医疗器械标准管理中心主要职责

组织开展医疗器械标准体系研究，提出标准工作政策及规划建议。组织开展医疗器械标准的制定修订工作。承担医疗器械标准拟定的相关事务性工作。承担医疗器械命名、分类和编码技术研究工作。承担全国医疗器械标准相关机构的业务指导工作。

（五）国家局食品药品审核查验中心与医疗器械相关职责

组织制定修订药品、医疗器械、化妆品检查制度规范和技术文件。承担医疗器械临床试验监督抽查和生产环节的有因检查。承担医疗器械境外检查。承担国家级检查员考核、使用等管理工作。承担药品、医疗器械、化妆品检查的国际（地区）交流与合作。

课堂练习：

1. 第二类医疗器械注册由哪个部门负责？

2. 第三类医疗器械经营企业许可（办理经营许可证）由哪个部门负责？

## 目标测试

### 一、单项选择题

1. 国家药品监督管理局负责组织质量抽查检验的部门是（　　）

A. 医疗器械监督管理司　　B. 医疗器械审评中心

C. 医疗器械标准管理中心　　D. 医疗器械行业协会

2. 负责拟定医疗器械分类管理目录的部门是（　　）

A. 医疗器械注册管理司　　B. 卫生健康委员会

C. 国务院质量技术监督部门　　D. 中国医疗器械行业协会

3. 承担全国医疗器械上市后不良事件监测工作的机构是（　　）

A. 医疗器械检验中心

B. 医疗器械技术审评中心

C. 国家药品不良反应监测中心

D. 医疗器械行业协会

4. 负责对申请注册的境外进口医疗器械进行技术评审的机构是（　　）

A. 医疗器械检验中心

B. 医疗器械技术审评中心

C. 国家药品不良反应监测中心

D. 医疗器械行业协会

### 二、多项选择题

1. 国家药品监督管理局医疗器械注册管理司的主要职责有（　　）

A. 拟订医疗器械注册管理制度

B. 承担医疗器械注册审批工作

C. 拟定医疗器械分类规则

D. 拟订并监督实施医疗器械标准

2. 医疗器械行政监管部门包括（　　）

A. 国家药品监督管理局　　B. 医疗器械行业协会

C. 省级药品监督管理局　　D. 卫生健康管理部门

3. 医疗器械监管技术支持机构包括（　　）

A. 医疗器械检验中心　　B. 医疗器械技术审评中心

C. 医疗器械行业协会　　D. 药品不良反应监测中心

**三、简答题**

简述医疗器械监管司的主要职责。

# 项目三　医疗器械产品管理

## 任务一　医疗器械分类管理

>>任务导入

案例

**超范围经营医疗器械案**

2017年10月，某市药监局执法人员在对辖区内某医疗机构进行监督检查时发现：该医疗机构于2016年12月31日从某医疗器械公司购进一次性使用医疗器械镇痛泵。经查明：该医疗器械公司于2014年取得《医疗器械经营许可证》，其经营范围为366类（除一次性输液、输血器外）；该公司于2018年9月将其经营范围变更为354、366类。一次性使用镇痛泵注册证号为国械注准2015第3660582，产品类别为366。

引导问题：

1. 366、354的含义是什么？

2. 该案应如何定性？

>>相关知识与技能

### 一、医疗器械分类方法

医疗器械涉及机械、电子、光学、材料、生命科学等众多学科，不同类型的医疗器械产品从原理、结构、使用风险等方面存在巨大差别，因此对所有的医疗器械采取相同的监管模式是不可能的，为节省有限的监管资源，提高监管效能，借鉴欧美国家医疗器械监管的经验，我国对医疗器械按照风险程度实行分类管理。医疗器械分类管理是医疗器械监管的重要基础，医疗器械临床试验、注册、生产、经营、使用等各个环节的监管都是以医疗器械分类管理为基础的。美国是最早提出对医疗器械进行分类管理的国家，欧盟和日本随后也采取分类管理模式，但在具体的分类规则上各国之间有一定的差异。

（一）美国医疗器械分类体系

美国医疗器械的管理法规中对医疗器械产品实施基于产品风险的分类体系，《联邦食品、药品和化妆品法》根据医疗器械的使用风险和可能产生的危害程度，将其划分为三个管理类别，其中Ⅰ类产品约占27%、Ⅱ类产品约占60%、Ⅲ类产品约占13%，采取不同程度的控制措施，不同产品上市具有不同许可要求。

**表 3-1　美国医疗器械分类及风险等级**

| 分类 | 分级原则 | 定义 | 监管内容 | 举例 |
|---|---|---|---|---|
| Ⅰ类 | 一般监管 | 需经过一般控制就可以保证其功效与安全性 | 禁止粗制滥造及不当标示的产品上市销售，实行不合格产品限制或禁止销售和使用的规定，有关通知消费者和修理、更换、补偿金等售后服务的规定，执行GMP，要求国内制造商、进口商和销售商向FDA注册 | 拐杖、眼镜片、胶带 |
| Ⅱ类 | 特殊监管 | 一般监管不足以保证医疗器械的安全性和有效性，需采取特殊管理措施以提供相应的保证 | 除遵守一般监管规定外，还须符合FDA所规定的特别要求。在特别要求中，包括对特定产品的强制性性能标准（mandatory performance standards）、特殊标识要求以及上市后监督等 | 医用手套、电动轮椅、助听器、血压计、诊疗导管 |

续表

| 分类 | 分级原则 | 定义 | 监管内容 | 举例 |
|---|---|---|---|---|
| Ⅲ类 | 上市前批准 | 维持、支持生命或植入体内的器械，它们对患者具有潜在危险，可能引发伤害或疾病，因而需要严格监管 | 除一般监管的规定外，通过上市前批准（PMA）制度设置了一系列审核程序，作为确保Ⅲ类器械安全和有效的一种必要的市场准入措施 | 心律调节器、子宫内器械、婴儿保温箱 |

（二）欧盟医疗器械分类体系

**表 3-2　欧盟医疗器械分类体系**

| 产品类别 | 审查方法 |
|---|---|
| Ⅰ | 产品质量由企业自行负责，保证产品的安全性和有效性，并在企业所在国主管部门备案 |
| $Ⅱ_a$ | 由通告机构审查，其中产品设计由企业负责，通告机构主要审查其生产质量体系 |
| $Ⅱ_b$ | 由通告机构审查，检查企业的质量体系，抽查产品样品，企业提交产品的设计文件 |
| Ⅲ | 由通告机构审查，检查生产企业的质量体系，抽查产品样品，并审查产品设计文件，特别是风险分析报告 |

（三）中国医疗器械分类体系

《医疗器械监督管理条例》第六条规定：“国家对医疗器械按照风险程度实行分类管理。

第一类是风险程度低，实行常规管理可以保证其安全、有效的医疗器械。

第二类是具有中度风险，需要严格控制管理以保证其安全、有效的医疗器械。

第三类是具有较高风险，需要采取特别措施严格控制管理以保证其安全、有效的医疗器械。”

评价医疗器械风险程度，应当考虑医疗器械的预期目的、结构特征、使用方法等因素。

国家药监局负责制定医疗器械的分类规则和分类目录，并根据医疗器械生产、经营、使用情况，及时对医疗器械的风险变化进行分析、评价，对分类规则和分类目录进行调整。

为规范医疗器械分类，2015年7月14日，原国家食品药品监督总局发布了修订后的《医疗器械分类规则》（总局令第15号），自2016年1月1日起施行。2017年8月31日，原国家食品药品监督管理总局发布新版《医疗器械分类目录》，自2018年8月1日起施行。

《医疗器械分类目录》与《医疗器械分类规则》的关系：我国医疗器械分类实行分类规则指导下的分类目录制，分类规则和分类目录并存，以分类目录优先，《医疗器械分类规则》用于指导《医疗器械分类目录》的制定和确定新的产品管理类别。

## 二、医疗器械分类规则

### （一）医疗器械分类管理部门

国务院药品监督管理部门负责制定医疗器械的分类规则和分类目录，并根据医疗器械生产、经营、使用情况，及时对医疗器械的风险变化进行分析、评价，对分类目录进行调整。当依据《医疗器械分类目录》不能确定医疗器械分类时，由省级药品监督管理部门根据《医疗器械分类规则》进行预先分类，并报国家药品监督管理局核定。

### （二）医疗器械分类判定的依据

医疗器械按照风险程度由低到高，管理类别依次分为第一类、第二类和第三类。医疗器械风险程度，应当根据医疗器械的预期目的，通过结构特征、使用形式、使用状态、是否接触人体等因素综合判定。

1. 结构特征：根据结构特征的不同，分为无源医疗器械和有源医疗器械。

2. 是否接触人体：根据是否接触人体，分为接触人体器械和非接触人体器械。

3. 使用形式：根据不同的结构特征和是否接触人体，医疗器械的使用形式包括：

无源接触人体器械：液体输送器械、改变血液体液器械、医用敷料、侵入器械、重复使用手术器械、植入器械、避孕和计划生育器械、其他无源接触人体器械。

无源非接触人体器械：护理器械、医疗器械清洗消毒器械、其他无源非接触人体器械。

有源接触人体器械：能量治疗器械、诊断监护器械、液体输送器械、电离辐射器械、植入器械、其他有源接触人体器械。

有源非接触人体器械：临床检验仪器设备、独立软件、医疗器械消毒灭菌设备、其他有源非接触人体器械。

4. 使用状态：根据不同的结构特征、是否接触人体以及使用形式，医疗器械的使用状态或者其产生的影响包括以下情形：

无源接触人体器械：根据使用时限分为暂时使用、短期使用、长期使用；接触人体的部位分为皮肤或腔道（口）、创伤或组织、血液循环系统或中枢神经系统。

无源非接触人体器械：根据对医疗效果的影响程度分为基本不影响、轻微影响、重要影响。

有源接触人体器械：根据失控后可能造成的损伤程度分为轻微损伤、中度损伤、严重损伤。

有源非接触人体器械：根据对医疗效果的影响程度分为基本不影响、轻微影响、重要影响。

（三）分类判定表

医疗器械的分类应当根据医疗器械分类判定表进行分类判定。

## 表 3-3　医疗器械分类判定表

**接触人体器械**

| | | 使用状态 / 使用形式 | 暂时使用 | | | 短期使用 | | | 长期使用 | | |
|---|---|---|---|---|---|---|---|---|---|---|---|
| | | | 皮肤/腔道（口） | 创伤/组织 | 血循环/中枢 | 皮肤/腔道（口） | 创伤/组织 | 血循环/中枢 | 皮肤/腔道（口） | 创伤/组织 | 血循环/中枢 |
| 无源医疗器械 | 1 | 液体输送器械 | Ⅱ | Ⅱ | Ⅲ | Ⅱ | Ⅱ | Ⅲ | Ⅱ | Ⅲ | Ⅲ |
| | 2 | 改变血液体液器械 | — | — | Ⅲ | — | — | Ⅲ | — | — | Ⅲ |
| | 3 | 医用敷料 | Ⅰ | Ⅱ | Ⅱ | Ⅰ | Ⅱ | Ⅱ | — | Ⅲ | Ⅲ |
| | 4 | 侵入器械 | Ⅰ | Ⅱ | Ⅲ | Ⅱ | Ⅱ | Ⅲ | — | — | — |
| | 5 | 重复使用手术器械 | Ⅰ | Ⅰ | Ⅱ | — | — | — | — | — | — |
| | 6 | 植入器械 | — | — | — | — | — | — | Ⅲ | Ⅲ | Ⅲ |
| | 7 | 避孕和计划生育器械（不包括重复使用手术器械） | Ⅱ | Ⅱ | Ⅲ | Ⅱ | Ⅲ | Ⅲ | Ⅲ | Ⅲ | Ⅲ |
| | 8 | 其他无源器械 | Ⅰ | Ⅱ | Ⅲ | Ⅱ | Ⅱ | Ⅲ | Ⅱ | Ⅲ | Ⅲ |

| | | 使用状态 / 使用形式 | 轻微损伤 | 中度损伤 | 严重损伤 |
|---|---|---|---|---|---|
| 有源医疗器械 | 1 | 能量治疗器械 | Ⅱ | Ⅱ | Ⅲ |
| | 2 | 诊断监护器械 | Ⅱ | Ⅱ | Ⅲ |
| | 3 | 液体输送器械 | Ⅱ | Ⅱ | Ⅲ |
| | 4 | 电离辐射器械 | Ⅱ | Ⅱ | Ⅲ |
| | 5 | 植入器械 | Ⅲ | Ⅲ | Ⅲ |
| | 6 | 其他有源器械 | Ⅱ | Ⅱ | Ⅲ |

**非接触人体器械**

| | | 使用状态 / 使用形式 | 基本不影响 | 轻微影响 | 重要影响 |
|---|---|---|---|---|---|
| 无源医疗器械 | 1 | 护理器械 | Ⅰ | Ⅱ | — |
| | 2 | 医疗器械清洗消毒器械 | — | Ⅱ | Ⅲ |
| | 3 | 其他无源器械 | Ⅰ | Ⅱ | Ⅲ |

| | | 使用状态 / 使用形式 | 基本不影响 | 轻微影响 | 重要影响 |
|---|---|---|---|---|---|
| 有源医疗器械 | 1 | 临床检验仪器设备 | Ⅰ | Ⅱ | Ⅲ |
| | 2 | 独立软件 | — | Ⅱ | Ⅲ |
| | 3 | 医疗器械消毒灭菌设备 | — | Ⅱ | Ⅲ |
| | 4 | 其他有源器械 | Ⅰ | Ⅱ | Ⅲ |

注：1. 本表中“Ⅰ”“Ⅱ”“Ⅲ”分别代表第一类、第二类、第三类医疗器械；
2. 本表中“—”代表不存在这种情形。

（四）特殊分类原则

1. 如果同一医疗器械适用两个或者两个以上的分类，应当采取其中风险程度最高的分类。由多个医疗器械组成的医疗器械包，其分类应当与包内风险程度最高的医疗器械一致。

2. 可作为附件的医疗器械，其分类应当综合考虑该附件对配套主体医疗器械安全性、有效性的影响。如果附件对配套主体医疗器械有重要影响，附件的分类应不低于配套主体医疗器械的分类。

3. 监控或者影响医疗器械主要功能的医疗器械，其分类应当与被监控、影响的医疗器械的分类一致。

4. 以医疗器械作用为主的药械组合产品，按照第三类医疗器械管理。

5. 可被人体吸收的医疗器械，按照第三类医疗器械管理。

6. 对医疗效果有重要影响的有源接触人体器械，按照第三类医疗器械管理。

7. 医用敷料如果有以下情形，按照第三类医疗器械管理，包括：预期具有防组织或器官粘连功能，作为人工皮肤，接触真皮深层或其以下组织受损的创面，用于慢性创面，或者可被人体全部或部分吸收的。

8. 以无菌形式提供的医疗器械，其分类应不低于第二类。

9. 通过牵拉、撑开、扭转、压握、弯曲等作用方式，主动施加持续作用力于人体、可动态调整肢体固定位置的矫形器械（不包括仅具有固定、支撑作用的医疗器械，也不包括配合外科手术中进行临时矫形的医疗器械或者外科手术后或其他治疗中进行四肢矫形的医疗器械），其分类应不低于第二类。

10. 具有计量测试功能的医疗器械，其分类应不低于第二类。

11. 如果医疗器械的预期目的是明确用于某种疾病的治疗，其分类应不低于第二类。

12. 用于在内窥镜下完成夹取、切割组织或者取石等手术操作的无源重复使用手术器械，按照第二类医疗器械管理。

（五）相关定义及术语

1. 预期目的：指产品说明书、标签或者宣传资料载明的，使用医疗器械应当取得的作用。

2. 无源医疗器械：不依靠电能或者其他能源，但是可以通过由人体或者重力产生的能量，发挥其功能的医疗器械。

3. 有源医疗器械：任何依靠电能或者其他能源，而不是直接由人体或者重力产生的能量，发挥其功能的医疗器械。

4. 侵入器械：借助手术全部或者部分通过体表侵入人体，接触体内组织、血液循环系统、中枢神经系统等部位的医疗器械，包括介入手术中使用的器材、一次性使用无菌手术器械和暂时或短期留在人体内的器械等，不包括重复使用手术器械。

5. 重复使用手术器械：用于手术中进行切、割、钻、锯、抓、刮、钳、抽、夹等过程，不连接任何有源医疗器械，通过一定的处理可以重新使用的无源医疗器械。

6. 植入器械：借助手术全部或者部分进入人体内或腔道（口）中，或者用于替代人体上皮表面或眼表面，并且在手术过程结束后留在人体内30日（含）以上或者被人体吸收的医疗器械。

7. 接触人体器械：直接或间接接触患者或者能够进入患者体内的医疗器械。

8. 使用时限

（1）连续使用时间：医疗器械按预期目的、不间断的实际作用时间。

（2）暂时：医疗器械预期的连续使用时间在24小时以内。

（3）短期：医疗器械预期的连续使用时间在24小时（含）以上、30日以内。

（4）长期：医疗器械预期的连续使用时间在30日（含）以上。

9. 皮肤：未受损皮肤表面。

10. 腔道（口）：口腔、鼻腔、食道、外耳道、直肠、阴道、尿道等人体自然腔道和永久性人造开口。

11. 创伤：各种致伤因素作用于人体所造成的组织结构完整性破坏或者功能障碍。

12. 组织：人体体内组织，包括骨、牙髓或者牙本质，不包括血液循环系统和中枢神经系统。

13. 血液循环系统：血管（毛细血管除外）和心脏。

14. 中枢神经系统：脑和脊髓。

15. 独立软件：具有一个或者多个医疗目的，无需医疗器械硬件即可完成自身预期目的，运行于通用计算平台的软件。

16. 具有计量测试功能的医疗器械：用于测定生理、病理、解剖参数，或者定量测定进出人体的能量或物质的医疗器械，其测量结果需要精确定量，并且该结果的准确性会对患者的健康和安全产生明显影响。

17. 慢性创面：各种原因形成的长期不愈合创面，如静脉性溃疡、动脉性溃疡、糖尿病性溃疡、创伤性溃疡、压力性溃疡等。

## 三、分类目录

我国实行分类规则指导下的分类目录制，分类规则和分类目录并存，以分类目录优先。截至目前，共发布2002、2017两个版本《医疗器械分类目录》，目前2002版、2017版分类目录并存。

1. 2002版《医疗器械分类目录》

2002版《医疗器械分类目录》框架结构包括：子目录、产品类别、品名举例、管理类别，共包括43个子目录，260个产品类别，1008个产品名称，每个产品类别都有一个分类编码，例如6854-2，是指手术室、急救室、诊疗室设备及器具子目录的第2个产品类别（呼吸设备），管理类别：第三类。

## 医疗器械分类目录

| | |
|---|---|
| 01.《医疗器械分类目录》的说明 | |
| 02.6801 基础外科手术器械 | 03.6802 显微外科手术器械 |
| 04.6803 神经外科手术器械 | 05.6804 眼科手术器械 |
| 06.6805 耳鼻喉科手术器械 | 07.6806 口腔科手术器械 |
| 08.6807 胸腔心血管外科手术器械 | 09.6808 腹部外科手术器械 |
| 10.6809 泌尿肛肠外科手术器械 | 11.6810 矫形外科（骨科）手术器械 |
| 12.6812 妇产科用手术器械 | 13.6813 计划生育手术器械 |
| 14.6815 注射穿刺器械 | 15.6816 烧伤（整形）科手术器械 |
| 16.6820 普通诊察器械 | 17.6821 医用电子仪器设备 |
| 18.6822 医用光学器具、仪器及内窥镜设备 | 19.6823 医用超声仪器及有关设备 |
| 20.6824 医用激光仪器设备 | 21.6825 医用高频仪器设备 |
| 22.6826 物理治疗及康复设备 | 23.6827 中医器械 |
| 24.6828 医用磁共振设备 | 25.6830 医用 X 射线设备 |
| 26.6831 医用 X 射线附属设备及部件 | 27.6832 医用高能射线设备 |
| 28.6833 医用核素设备 | 29.6834 医用射线防护用品、装置 |
| 30.6840 临床检验分析仪器 | 31.6841 医用化验和基础设备器具 |
| 32.6845 体外循环及血液处理设备 | 33.6846 植入材料和人工器官 |
| 34.6854 手术室、急救室、诊疗室设备及器具 | 35.6855 口腔科设备及器具 |
| 36.6856 病房护理设备及器具 | 37.6857 消毒和灭菌设备及器具 |
| 38.6858 医用冷疗、低温、冷藏设备及器具 | 39.6863 口腔科材料 |
| 40.6864 医用卫生材料及敷料 | 41.6865 医用缝合材料及黏合剂 |
| 42.6866 医用高分子材料及制品 | 43.6870 软件 |
| 44.6877 介入器材 | |

图 3–1　2002 版《医疗器械分类目录》

## 6854 手术室、急救室、诊疗室设备及器具

| 序号 | 名称 | 品名举例 | 管理类别 |
|---|---|---|---|
| 1 | 手术及急救装置 | 手术机器人、手术导航系统、脑立体定向仪 | Ⅲ |
| | | 各种气压、电动气压止血带 | Ⅰ |
| 2 | 呼吸设备 | 各种电动、气动呼吸机、同步呼吸机、高频喷射呼吸机 | Ⅲ |
| 3 | 呼吸麻醉设备及附件 | 各种立式麻醉机、综合麻醉机、小儿麻醉机 | Ⅲ |
| | | | Ⅰ |

图 3–2　2002 版《医疗器械分类目录》子目录

2. 2017版《医疗器械分类目录》

2017版《医疗器械分类目录》于2017年8月31日发布，自2018年8月1日起施行。分类目录框架结构包括：子目录、一级产品类别、二级产品类别、产品描述、预期用途、品名举例、管理类别。共包括22个子目录、206个一级产品类别、1157个二级产品类别、6609个产品名称。每个产品类别有一个产品编码，例如代码6808-01-04就是指呼吸、麻醉和急救器械子目录（08）、呼吸设备一级产品类别（01）、家用呼吸机二级产品类别（04）。

01 有源手术器械………………
02 无源手术器械………………
03 神经和心血管手术器械……
04 骨科手术器械………………
05 放射治疗器械………………
06 医用成像器械………………
07 医用诊察和监护器械………
08 呼吸、麻醉和急救器械……
09 物理治疗器械………………
10 输血、透析和体外循环器械…
11 医疗器械消毒灭菌器械……
12 有源植入器械……………………
13 无源植入器械……………………
14 注输、护理和防护器械…………
15 患者承载器械……………………
16 眼科器械…………………………
17 口腔科器械………………………
18 妇产科、辅助生殖和避孕器械…
19 医用康复器械……………………
20 中医器械…………………………
21 医用软件…………………………
22 临床检验器械……………………

图 3-3　2017 版《医疗器械分类目录》

## 08呼吸、麻醉和急救器械

| 序号 | 一级产品类别 | 二级产品类别 | 产品描述 | 预期用途 | 品名举例 | 管理类别 |
|---|---|---|---|---|---|---|
| 01 | 呼吸设备 | 01 治疗呼吸机（生命支持） | 通常由通气控制系统、监测系统、报警系统以及控制显示界面组成，一般配有医用气体低压软管组件、呼吸回路、内部电源、台车、机械臂等附件或辅助功能模块，是一种为增加或供给患者的通气而设计的自动装置 | 用于对呼吸暂停或呼吸衰竭、依赖于机械通气的患者进行长时间的通气辅助和呼吸支持，患者完全依靠或部分依靠此类设备通气护理。通常在医疗机构内重症监护环境中使用，也可在院内转运时使用 | 治疗呼吸机、呼吸机 | Ⅲ |
| | | 02 急救和转运用呼吸机 | 通常由通气控制系统、报警系统以及控制界面组成，一般配有医用气瓶、医用气体低压软管组件、监测系统、内部电源、无重复呼吸排气阀、机架等附件或辅助功能模块，外观通常为橙色。是一种具有自动机械通气功能的便携式设备 | 用于对呼吸衰竭的患者进行紧急通气抢救，用于对呼吸衰竭的患者进行紧急通气抢救，常用于急救场所和转运过程中（如救护车上） | 急救呼吸机、院外转运呼吸机、急救和转动呼吸机 | Ⅲ |
| | | 03 高频呼吸机 | 通常由通气控制系统、监测系统、报警系统以及控制显示界面组成，一般配有医用气体低压软管组件、呼吸回路、湿化器、台车、机械臂、喷针或振荡模块等附件或辅助功能模块。是一种可实现频率大于 60 次 /min 自动机械通气功能的设备，分为高频振荡呼吸机和高频喷射呼吸机，一般也可进行常频通气 | 用于在医护人员的监控下，供呼吸衰竭和气压性创作患者以及需要呼吸支持、呼吸治疗及急救复苏的患者使用 | 高频喷射呼吸机、高频振荡呼吸机 | Ⅲ |
| | | 04 家用呼吸机（生命支持） | 通常由通气控制系统、监测系统和控制显示界面组成，一般通过控制涡轮转速使气道压力达到预设压力，从而实现单水平或双水平持续正压通气支持，通常配有医用气体低压软管组件、报警系统、呼吸管路、湿化器等附件或辅助功能模块。是一种具有自动机械通气功能的设备 | 用于为依赖呼吸机的患者提供或增加肺通气。可用于家庭环境，也可用于医疗机构，无需持续的专业监控，通常是在受过不同程度培训的非医护人员监控下使用 | 呼吸机、家用呼吸机 | Ⅲ |
| | | 05 家用呼吸支持设备（非生命支持） | 通常由通气控制系统、监测系统和控制显示界面组成，一般通过控制涡轮转速使气道压力达到预设压力，从而实现单水平或双水平持续正压通气支持，通常配有报警系统、呼吸管路、湿化器等附件或辅助功能模块。是一种具有自动机械通气功能的设备 | 用于为中轻度呼吸衰竭和呼吸功能不全等不依赖通气支持的患者提供通气辅助及呼吸支持。仅作为增加患者通气量的设备，可用于家庭环境，也可用于医疗机构 | 家用呼吸支持设备、家用无创呼吸机、无创呼吸机、持续正压呼吸机、持续正压通气机 | Ⅱ |
| | | 06 睡眠呼吸暂停治疗设备 | 通常由通气控制系统和控制界面组成，一般通过控制涡轮转速使气道压力达到预设压力，从而实现单水平或双水平持续正压通气支持，通常配有监测系统、呼吸管路、湿化器等附件或辅助功能模块。是一种具有自动机械辅助通气功能的设备 | 用于缓解病人睡眠过程中的打鼾、低通气和睡眠呼吸暂停，从而达到辅助治疗目的。通常用于家庭环境，也可用于医疗机构 | 睡眠呼吸机、睡眠无创呼吸机、持续正压呼吸机、双水平无创呼吸机、正压通气治疗机 | Ⅱ |

图 3-4　2017 版《医疗器械分类目录》子目录

课堂训练

医疗器械分类目录查询：

进入国家药监局网站—政务公开—数据查询—医疗器械分类目录—查询。

# 任务二　医疗器械注册管理

## »任务导入

**案例**

**生产与注册证限定内容不一致的医疗器械案**

2016年5月28日，某药监局接到举报，反映某公司生产无注册证的医疗器械产品并销售；经调查，该公司取得静脉留置针针管的医疗器械注册证上有6种型号，分别是14G、16G、18G、20G、22G、23G，但该公司除生产上述6种型号外还生产型号为24G的静脉留置针针管。

案例分析：

1. 医疗器械产品是否一定要具有医疗器械注册证？

2. 医疗器械注册证上增加产品规格应如何办理手续？

3. 该案应如何处罚？

## »相关知识与技能

### 一、概述

医疗器械注册是指医疗器械注册申请人依照法定程序和要求提出医疗器械注册申请，药品监督管理部门依据法律法规，基于科学认知，进行安全性、有效性和质量可控性等审查，决定是否同意其申请的活动。

医疗器械备案是指医疗器械备案人依照法定程序和要求向药品监督管理部门提交备案资料，药品监督管理部门对提交的备案资料存档备查的活动。

获准注册的医疗器械，是指与该医疗器械注册证及附件限定内容一致且在医疗器械注册证有效期内生产的医疗器械。

20世纪80年代，在借鉴国际先进经验并结合我国国情的基础上，我国开始规划建立医疗器械市场准入管理办法。1989年，我国正式引入了医疗器械市场准入的概念，明确政府监督管理的核心应该是产品的安全性、有效性，医疗器械市场准入制度是保证医疗器械安全有效的重要环节。医疗器械新产品需经安全有效性行政审批才可上市的管理模式开始初步建立。为加强医疗器械管理，保障使用者的人身安全，维护使用者的权利，1991年国家对医疗器械新产品实施强制性的鉴定制度。

1996年9月6日，原国家医药管理局发布了《医疗器械产品注册管理办法》，自1997年1月1日起施行，第一次正式规定医疗器械应申请注册，进入中国市场的任何一种医疗器械产品，须由产品生产者或其委托代理人向中国政府医疗器械行政监督管理部门提出产品注册申请。未经注册的医疗器械不得进入市场。该规定还建立了医疗器械分级、分类监管的雏形，将医疗器械按照其风险程度分为三类。国家医药管理局负责全国医疗器械产品注册工作，省级医疗器械管理部门可接受委托对辖区内生产的第一、二类医疗器械进行审查。分级、分类的注册监管原则，在此后的监管实践中，一直保留并沿用至今。

为规范医疗器械的注册管理，保证医疗器械的安全有效，2000年4月10日原国家药品监督管理局施行了《医疗器械注册管理办法》（局令第16号）；2004年，原国家食品药品监督管理局对《医疗器械注册管理办法》进行了修订，于2004年8月9日公布并施行了新的《医疗器械注册管理办法》（局令第16号）。2014年7月30日，原国家食品药品监督管理总局发布了《医疗器械注册管理办法》（总局令第4号）和《体外诊断试剂注册管理办法》（总局令第5号），于2014年10月1日施行。2021年8月26日，国家市场监督管理总局发布新修订的《医疗器械注册与备案管理办法》（以下简称《注册办法》）（市场总局令第47号）和《体外诊断试剂注册与备案管理办法》（市场总局令第48号），自2021年10月1日起施行。明确了在中华人民共和国境内销售、使用的医疗器械均应当按照《注册办法》的规定申请注册或备案，未获准注册备案的医疗器械，不得生产、经营、使用。目前，我国已建立了产品检验、体系核查、技术审评、行政审批等环节各负其责、相互配合、相互制约的产品注册分段操作程序，逐步实现审批程序和工作程序的规范化运作，注册工作稳步开展。医疗器械注册工作从制度建设、完善工作程序、统一技术审查尺度等方面，逐一得到了完善。

《注册办法》共十章一百二十四条，对医疗器械注册备案的要求、程序作出了明确规定。

第一类医疗器械实行产品备案管理，境内第一类医疗器械备案，备案人向设区的市级市场监督管理部门提交备案资料。进口第一类医疗器械备案，备案人向国家药品监督管理局提交备案资料。

第二类、第三类医疗器械实行产品注册管理，境内第二类医疗器械由省级药品监督管理部门审查，批准后发给医疗器械注册证。境内第三类医疗器械由国家药品监督管理局审查，批准后发给医疗器械注册证。进口第二类、第三类医疗器械由国家药品监督管理局审查，批准后发给医疗器械注册证。

香港、澳门、台湾地区医疗器械的注册、备案，参照进口医疗器械办理。

2021年新修订的《医疗器械监督管理条例》规定全面实施注册人、备案人制度，医疗器械注册人、备案人，是指取得医疗器械注册证或者办理医疗器械备案的企业或者研制机构。注册人、备案人应当加强医疗器械全生命周期质量管理，对研制、生产、经营、使用全过程中医疗器械的安全性、有效性依法承担责任，承担医疗器械产品质量主体责任。

医疗器械注册人、备案人应当履行下列义务：① 建立与产品相适应的质量管理体系并保持有效运行；② 制订上市后研究和风险管控计划并保证有效实施；③ 依法开展不良事件监测和再评价；④ 建立并执行产品追溯和召回制度；⑤ 国务院药品监督管理部门规定的其他义务。

境外医疗器械注册人、备案人指定的我国境内企业法人应当协助注册人、备案人履行规定的义务。

生产环节：注册人、备案人可以自行生产医疗器械，也可以委托具备相应条件的企业生产。

经营环节：注册人、备案人可以委托有资质的企业经营，也可以自行经营，自行经营的，无需办理经营许可或备案，但应当符合相应的经营条件。

## 二、医疗器械产品研制

医疗器械研制应当遵循风险管理原则，考虑现有公认技术水平，确保产品所有已知和可预见的风险以及非预期影响最小化并可接受，保证产品在正常使用中受益大于风险。

从事医疗器械产品研制实验活动，应当符合我国相关法律、法规和强制性标准的要求。

申请人、备案人应当编制申请注册或进行备案医疗器械的产品技术要求，产品技术要求主要包括医疗器械成品的可进行客观判定的功能性、安全性指标和检测方法。

申请人、备案人应当编制申请注册或进行备案医疗器械的产品说明书和标签，产品说明书和标签应当符合相关规定。

医疗器械研制，应当根据产品适用范围和技术特征开展医疗器械非临床研究。

非临床研究包括产品化学和物理性能研究，电气安全研究，辐射安全研究，软件研究，生物学特性研究，生物源材料安全性研究，消毒、灭菌工艺研究，动物试验研究，稳定性研究等。

申请注册或者进行备案，应当按照产品技术要求进行检验，并提交检验报告。检验合格的，方可开展临床评价或者申请注册、进行备案。医疗器械产品检验报告可以是申请人、备案人的自检报告，也可以是委托有资质的医疗器械检验机构出具的检验报告。

检验用产品应当能够代表申请注册或者进行备案产品的安全性和有效性，其生产应当符合医疗器械生产质量管理规范的相关要求。

## 三、临床评价

医疗器械临床评价是指采用科学合理的方法对临床数据进行分析、评价，以确认医疗器械在其适用范围内的安全性、有效性的活动。

医疗器械产品注册备案，列入免于临床评价目录的产品可以不进行临床评价，2021年9月16日，国家药监局公布《免于临床评价医疗器械目录》

（2021年第71号通告）。其他产品应进行临床评价并提交临床评价资料。

开展临床评价方式：临床试验或同品种器械比对。

为了指导注册人、备案人开展临床评价，国家药监局2021年9月18日发布《医疗器械临床评价技术指导原则》（2021年第73号通告）。

已有临床文献资料、临床数据不足以确认产品安全、有效的医疗器械，应当开展临床试验。国家药监局2021年9月18日发布2021年第73号通告，公布《决策是否开展医疗器械临床试验技术指导原则》。

部分第三类医疗器械进行临床试验对人体具有较高风险的，临床试验应当经国家药品监督管理局批准。国家药监局于2020年9月14日发布《需进行临床试验审批的第三类医疗器械目录（2020年修订版）》（2020年第61号通告）。

开展临床试验，应按照医疗器械临床试验质量管理规范的要求，在具备相应条件并按照规定备案的临床试验机构内进行。临床试验开始前，临床试验申办者应当向所在地省级药监部门进行临床试验备案。临床试验医疗器械的生产应当符合生产质量管理规范的要求。

## 四、注册体系核查

注册申请人在申请注册时应该提交与产品研制、生产有关的质量管理体系资料，药监部门在产品技术审评时认为有必要对质量管理体系进行核查的，应当组织开展质量管理体系核查。

境内第三类医疗器械质量管理体系核查，由国家药监局器械审评中心通知申请人所在地的省级药监部门开展。境内第二类医疗器械质量管理体系核查，由申请人所在地的省级药监部门组织开展。

国家药监局器械审评中心对进口第二类、第三类医疗器械开展技术审评时，认为有必要进行质量管理体系核查的，通知国家药监局审核查验中心开展核查。

药监部门按照医疗器械生产质量管理规范的要求开展质量管理体系核查，重点对申请人是否按照医疗器械生产质量管理规范的要求建立与产品相适应的质量管理体系，以及与产品研制、生产有关的设计开发、生产管理、质量控制等内容进行核查。在核查过程中，应当同时对检验用产品和临床试验产品的真实性进行核查，重点查阅设计开发过程相关记录，以及检验用产品和临床试验产品生产过程的相关记录。提交自检报告的，应当对申请人备案人或者受托机构研制过程中的检验能力、检验结果等进行重点核查。

药监部门可以通过资料审查或现场检查的方式开展质量管理体系核查。根据申请人的具体情况、监督检查情况、本次申请注册产品与既往已通过核查产品生产条件及工艺对比情况等，确定是否现场检查以及检查内容。

## 五、产品注册

### （一）申请

申请人在完成支持医疗器械注册的安全性、有效性研究，做好接受质量管理体系核查的准备后，提出医疗器械注册申请，向药品监督管理部门提交下列注册申请资料：① 产品风险分析资料；② 产品技术要求；③ 产品检验报告；④ 临床评价资料；⑤ 产品说明书以及标签样稿；⑥ 与产品研制、生产有关的质量管理体系文件；⑦ 证明产品安全、有效所需的其他资料。

### （二）形式审查

申请事项属于本部门职权，申请资料符合要求的，予以受理。

申请资料存在可当场更正的错误，允许当场更正。

申请资料不齐全的，5日内告知补正，逾期不告知的，收到资料之日起即为受理。

不属于本部门职权范围的，告知申请人不予受理。

药监部门受理或者不予受理医疗器械注册申请，应当出具加盖本行政机关专用印章和注明日期的受理或者不予受理的通知书。

申请受理后，申请人按规定缴纳费用，申请人未在规定期限内缴纳费用的，视为主动撤回申请。

### （三）技术审评

受理注册申请的药监部门应当对医疗器械的安全性、有效性以及注册申请人保证医疗器械安全、有效的质量管理能力等进行审查。

受理注册申请的药监部门在3个工作日内将注册申报资料转交技术审评机构，第二类医疗器械注册的技术审评在60个工作日内完成，第三类医疗器械注册的技术审评在90个工作日内完成；审评时认为有必要对质量管理体系进行核查的，应当组织开展质量管理体系核查。

技术审评过程中需要补正资料的，技术审评机构应当一次告知需要补正的全部内容。申请人应当在1年内，按照补正通知要求一次提供补充资料；技术审评机构收到补充资料后，在60个工作日内完成技术审评。申请人逾期未提交补充资料的，终止技术审评，药品监督管理部门作出不予注册的决定。

医疗器械注册申请审评期间，对于拟作出不通过的审评结论的，技术审评机构应当告知申请人不通过的理由，申请人可以在15日内向技术审评机构提出异议。

技术审评机构应当在完成技术审评后，将审评意见提交受理注册申请的药品监督管理部门作为审批的依据。

（四）审批发证

药品监督管理部门应当在技术审评结束后，作出是否批准的决定。对符合安全、有效、质量可控要求的，准予注册，发给医疗器械注册证，经过核准的产品技术要求以附件形式发给申请人。对不予注册的，应当书面说明理由，并告知申请人享有依法申请行政复议或者提起行政诉讼的权利。

医疗器械注册证有效期为5年，医疗器械注册证电子文件与纸质文件具有同等法律效力。

注册证编号的编排方式为：×1械注×2××××3×4××5××××6。

×1为注册审批部门所在地的简称：境内第三类医疗器械、进口第二、三类医疗器械为“国”字；境内第二类医疗器械为注册审批部门所在地省、自治区、直辖市的简称。

×2为注册形式：“准”字适用于境内医疗器械；“进”字适用于进口医疗器械；“许”字适用于香港、澳门、台湾地区的医疗器械。

××××3为首次注册年份。

×4为产品管理类别。

## 中华人民共和国医疗器械注册证
（格式）

注册证编号：

| | |
|---|---|
| 注册人名称 | |
| 注册人住所 | |
| 生产地址 | |
| 代理人名称 | （进口医疗器械适用） |
| 代理人住所 | （进口医疗器械适用） |
| 产品名称 | |
| 型号、规格 | |
| 结构及组成 | |
| 适用范围 | |
| 附　件 | 产品技术要求 |
| 其他内容 | |
| 备　注 | |

审批部门：

批准日期：年　月　日
生效日期：年　月　日
有效期至：年　月　日

（审批部门盖章）

图 3-5　医疗器械注册证（格式）

××5为产品分类编码。

××××6为首次注册流水号。

延续注册的，××××3和××××6数字不变。产品管理类别调整的，应当重新编号。

不予注册的情形：① 申请人对拟上市医疗器械的安全性、有效性、质量可控性进行的研究及结果无法证明产品安全、有效、质量可控的；② 质量管理体系核查不通过，以及申请人拒绝接受质量管理体系现场检查的；③ 注册申请资料虚假的；④ 注册申请资料内容混乱、矛盾，注册申请资料内容与申请项目明显不符，不能证明产品安全、有效、质量可控的。

（五）变更注册

已注册的第二类、第三类医疗器械产品，其设计、原材料、生产工艺、适用范围、使用方法等发生实质性变化，有可能影响该医疗器械安全、有效的，注册人应当向原注册部门申请办理变更注册手续；发生其他变化的，应当在变化之日起30日内向原注册部门备案。

需要办理变更注册的事项：产品名称、型号、规格、结构及组成、适用范围、产品技术要求、进口医疗器械的生产地址等。

对于变更注册申请，技术审评机构应当重点针对变化部分进行审评，对变化后产品是否安全、有效、质量可控形成审评意见。有必要对质量管理体系进行核查的，药品监督管理部门应当组织开展质量管理体系核查。

需要备案的事项：注册人名称和住所、代理人名称和住所等。境内医疗器械生产地址变更的，注册人应当在办理生产许可变更后办理备案。

同意变更的，药监部门发给医疗器械变更注册文件，变更注册文件与原医疗器械注册证合并使用，有效期截止日期与原医疗器械注册证相同。

**中华人民共和国**

**医疗器械变更注册（备案）文件**

（格式）

注册证编号：

| | |
|---|---|
| 产品名称 | |
| 变更内容 | “***（原注册内容或项目）”变更为“***（变更后的内容或项目）” |
| 备　注 | 本文件与“　　”医疗器械注册证共同使用 |

审批部门：　　　　　　　　　　　　批准日期：年　月　日

（审批部门盖章）

图3-6　医疗器械变更注册（备案）文件（格式）

（六）延续注册

医疗器械注册证有效期届满需要延续注册的，注册人应当在注册证有效期届满6个月前，向原注册部门申请延续注册，并按照要求提交申请资料。

药品监督管理部门应当在注册证有效期届满前作出准予延续的决定。逾期未做决定的，视为准予延续。

不予延续注册的情形：① 未在规定期限内提出延续注册申请；② 新的医疗器械强制性标准发布实施，申请延续注册的医疗器械不能达到新要求；③ 附条件批准的医疗器械，未在规定期限内完成医疗器械注册证载明事项。

## 六、医疗器械备案

第一类医疗器械生产前，应当进行产品备案。

进行医疗器械备案，备案人应当按照规定向负责药品监管的部门提交以下资料：① 产品风险分析资料；② 产品技术要求；③ 产品检验报告；④ 产品说明书及标签样稿；⑤ 与产品研制、生产有关的质量管理体系文件；⑥ 证明产品安全、有效所需的其他资料。

备案人向负责药品监管的部门提交备案资料后即完成备案，备案部门向备案人发放备案编号告知书，并通过网站公布《第一类医疗器械备案信息表》。

第一类医疗器械备案编号的编排方式为：

×1械备××××2××××3。其中：

×1为备案部门所在地的简称：进口第一类医疗器械为“国”字；境内第一类医疗器械为备案部门所在地省、自治区、直辖市简称加市的简称。

××××2为备案年份。

××××3为备案流水号。

已备案的医疗器械，备案信息表中登载内容及产品技术要求发生变化的，备案人应向原备案部门变更备案，并提交变化情况的说明以及相关文件。药监部门应将变更情况登载于备案信息中。

## 第一类医疗器械备案编号告知书

******（备案人）：

根据《医疗器械监督管理条例》《医疗器械注册与备案管理办法》《体外诊断试剂注册与备案管理办法》的相关规定，提供备案编号如下：

备案编号：

产品名称（产品分类名称）：

备案人住所：

生产地址：

***

（备案部门名称）

（盖章）

日期：　　年　月　日

图 3-7　第一类医疗器械备案编号告知书

## 第一类医疗器械备案信息表

备案编号：

| | |
|---|---|
| 备案人名称 | |
| 备案人统一社会信用代码 | （境内医疗器械适用） |
| 备案人住所 | |
| 生产地址 | |
| 代理人 | （进口医疗器械适用） |
| 代理人住所 | （进口医疗器械适用） |
| 产品名称 | |
| 型号 / 规格 | |
| 产品描述 | |
| 预期用途 | |
| 备注 | |
| 备案部门<br>备案日期 | ***<br>（备案部门名称）<br>备案日期：　　年　月　日 |
| 变更情况 | **** 年 ** 月 ** 日，** 变更为 **<br>…… |

境内备案人委托生产的，备注栏应当标注委托企业名称。

备案人应当确保提交的资料合法、真实、准确、完整和可追溯。

备案人实际生产产品应当与备案信息一致。

图 3-8　第一类医疗器械备案信息表

## 七、特殊注册程序

### （一）创新产品注册程序

符合下列要求的医疗器械，申请人可以申请创新产品注册程序：

1. 申请人通过其主导的技术创新活动，在中国依法拥有产品核心技术发明专利权，或者依法通过受让取得在中国发明专利权或其使用权。

2. 申请人已完成产品的前期研究并具有基本定型产品，研究过程真实和受控，研究数据完整和可溯源。

3. 产品主要工作原理为国内首创，产品性能或者安全性与同类产品比较有根本性改进，技术上处于国际领先水平，且具有显著的临床应用价值。

申请适用创新产品注册程序的，申请人应当在产品基本定型后，向国家药监局提出创新医疗器械审查申请。国家药监局组织专家进行审查，符合要求的，纳入创新产品注册程序。

对于适用创新产品注册程序的医疗器械注册申请，国家药监局以及承担相关技术工作的机构，根据各自职责指定专人负责，及时沟通，提供指导。

纳入创新产品注册程序的医疗器械，国家局器械审评中心可以与申请人在注册申请受理前以及技术审评过程中就产品研制中的重大技术问题、重大安全性问题、临床试验方案、阶段性临床试验结果的总结与评价等问题沟通交流。

### （二）优先注册程序

满足下列情形之一的医疗器械，可以申请适用优先注册程序：

1. 诊断或者治疗罕见病、恶性肿瘤且具有明显临床优势，诊断或者治疗老年人特有和多发疾病且目前尚无有效诊断或者治疗手段，专用于儿童且具有明显临床优势，或者临床急需且在我国尚无同品种产品获准注册的医疗器械。

2. 列入国家科技重大专项或者国家重点研发计划的医疗器械。

3. 国家药监局规定的其他可以适用优先注册程序的医疗器械。

纳入优先注册程序的医疗器械注册申请，国家药监局优先进行审评审批，省级药监部门优先安排医疗器械注册质量管理体系核查。

国家药监局器械审评中心在对纳入优先注册程序的医疗器械产品开展技术审评过程中，应当按规定积极与申请人进行沟通交流，必要时，可以安排专项交流。

（三）应急注册程序

国家药监局可以对应对突发公共卫生事件且在我国境内尚无同类产品上市，或虽有同类产品上市但产品不能满足应对突发公共卫生事件需要的医疗器械实施应急注册。

申请适用应急注册程序的，申请人应向国家药监局提出应急注册申请。符合条件的，纳入应急注册程序。

对实施应急注册的医疗器械注册申请，国家药监局按照统一指挥、早期介入、随到随审、科学审批的要求办理，并行开展医疗器械产品检验、体系核查、技术审评等工作。

## 八、法律责任

医疗器械注册与备案环节相关违法行为处罚见下表。

**表 3-4　医疗器械注册备案违法行为处罚**

| 法律条款 | 情形 | 处罚 |
|---|---|---|
| 《医疗器械监督管理条例》第八十一条 | 生产经营未取得医疗器械注册证的第二类、第三类医疗器械的 | 按照《医疗器械监督管理条例》第八十一条的规定处罚 |
| 《医疗器械监督管理条例》第八十三条 | 在申请注册时提供虚假资料或采取欺骗手段的 | 按照《医疗器械监督管理条例》第八十三条的规定处罚 |
| 《医疗器械监督管理条例》第八十四条 | （1）生产经营未备案的第一类器械；<br>（2）已经备案的资料不符合要求的 | 按照《医疗器械监督管理条例》第八十四条的规定处罚 |
| 《医疗器械监督管理条例》第八十五条 | 备案时提供虚假资料的 | 按照《医疗器械监督管理条例》第八十五条的规定处罚 |
| 《注册办法》第一百零七条 | 未要求对发生变化进行备案的 | 责令限期改正；逾期不改正的，处 1 万元以上 3 万元以下罚款 |

续表

| 法律条款 | 情形 | 处罚 |
| --- | --- | --- |
| 《注册办法》第一百零八条 | 开展医疗器械临床试验未遵守临床试验质量管理规范的 | 依照《医疗器械监督管理条例》第九十四条予以处罚 |
| 《注册办法》第一百零九条 | 医疗器械技术审评机构未按规定履行职责，致使审评工作出现重大失误的 | 由药监部门责令改正，通报批评，给予警告；造成严重后果的，对违法单位的法定代表人、主要负责人、直接负责的主管人员和其他责任人员，依法给予处分 |
| 《注册办法》第一百一十条 | 负责药品监督管理的部门工作人员违反规定，滥用职权、玩忽职守、徇私舞弊的 | 依法给予处分 |

课堂训练

医疗器械注册、备案信息查询：

进入国家药监局网站—政务公开—数据查询—医疗器械产品（注册、备案）—查询。

# 任务三　医疗器械标准与检验

## »任务导入

**案例**

国家医疗器械监督抽检通告（2021年第69号）

2021年9月13日，国家药监局组织对半导体激光治疗机、鼻内窥镜、手术衣等12个品种进行了产品质量监督抽检，有23批（台）产品不符合标准规定。

**一、抽检项目不符合标准规定的产品**

半导体激光治疗机4台

生产企业：湖北某医疗器械有限公司、武汉某医疗器械有限公司。

不合格项：使用说明书、外部标记、激光终端输出功率、脉冲持续时间（脉冲宽度）、激光定时装置。

**二、国家药监局要求企业所在地省级药监部门按照《医疗器械监督管理条例》要求，及时作出行政处理决定并向社会公布。**

案例分析：

1. 国家对医疗器械抽查检验的依据是什么？

2. 该案应如何处罚？

## »相关知识与技能

### 一、医疗器械标准管理

（一）医疗器械标准概述

医疗器械标准，指国家药品监督管理局依据职责组织制修订，依法定程序发布，在医疗器械研制、生产、经营、使用、监督管理等活动中遵循的统一的技术要求。

我国医疗器械标准工作起步较晚。1979年颁布了第一个医疗器械国家标准《体温计国家标准》，1980年成立了首个医疗器械专业标准化技术委员会——全国医用电器标准化技术委员会。截至2020年12月，我国发布医疗器械标准1758项，其中国家标准226项，行业标准1532项；强制性标准397份，推荐性标准1361 份，成立了23个医疗器械专业标准化技术委员会，为医疗器械监管工作提供了技术支持。

为促进科学技术进步，保障医疗器械安全有效，提高健康保障水平，加强医疗器械标准管理，根据《中华人民共和国标准化法》《中华人民共和国标准化法实施条例》和《医疗器械监督管理条例》等法律法规，原国家食品药品监督管理总局制定《医疗器械标准管理办法》（食药总局局令第33号），自2017年7月1日起施行。适用于在中国境内从事医疗器械标准的制定修订、实施及监督管理等工作。

（二）标准工作的管理机构和职能

1. 国家药品监督管理局职责：① 组织贯彻医疗器械标准管理相关法律、法规，制定医疗器械标准管理工作制度；② 组织拟定医疗器械标准规划，编制标准制订修订年度工作计划；③ 依法组织医疗器械标准制修订，发布医疗器械行业标准；④ 依法指导、监督医疗器械标准管理工作。

2. 医疗器械标准管理中心职责：① 组织开展医疗器械标准体系的研究，拟定医疗器械标准规划草案和标准制订修订年度工作计划建议；② 依法承担医疗器械标准制修订的管理工作；③ 依法承担医疗器械标准化技术委员会的管理工作；④ 承担医疗器械标准宣传、培训的组织工作；⑤ 组织对标准实施情况进行调研，协调解决标准实施中的重大技术问题；⑥ 承担医疗器械国际标准化活动和对外合作交流的相关工作；⑦ 承担医疗器械标准信息化工作，组织医疗器械行业标准出版；⑧ 承担国家药品监督管理局交办的其他标准管理工作。

3. 医疗器械标准化技术委员会职责：① 开展医疗器械标准研究工作，提出本专业领域标准发展规划、标准体系意见；② 承担本专业领域医疗器械标准起草、征求意见、技术审查等组织工作，并对标准的技术内容和质量负责；③ 承担本专业领域医疗器械标准的技术指导工作，协助解决标准实施中的技术问题；④ 负责收集、整理本专业领域的医疗器械标准资料，并建立技术档案；⑤ 负责本专业领域医疗器械标准实施情况的跟踪评价；⑥ 负责本专业领域医疗器械标准技术内容的咨询和解释；⑦ 承担本专业领域医疗器械标准的宣传、培训、学术交流和相关国际标准化活动。

4. 地方负责药品监管的部门职责：① 组织贯彻医疗器械标准管理的法律法规；② 组织、参与医疗器械标准的制定修订相关工作；③ 监督医疗器械标准的实施；④ 收集并向上一级药品监督管理部门报告标准实施过程中的问题。

（三）医疗器械标准类别

医疗器械标准按颁布部门分为国家标准、行业标准。按照效力分为强制性标准和推荐性标准，按照规范对象分为基础标准、方法标准、管理标准和产品标准。

1. 国家标准：国务院标准化行政主管部门负责国家标准的立项、编号和对外通报，由国务院有关主管部门提出、组织起草、征求意见和技术审查。国家标准的代号为“GB”（强制性国家标准）或“GB/T”（推荐性国家标准），其后由两组数字组成，第一组数字表示标准的顺序编号，第二组数字表示标准批准或重新修订的年份。如GB 9706.1−2020，表示编号为 9706.1号，2020年批准或修订的强制性国家标准。

2. 行业标准：行业标准是在没有国家标准的情况下，由国务院有关主管机构制定、审批和发布的标准。不同行业的主管机构所颁布的标准在标准规定的范围实施。行业标准编号由行业标准代号、标准顺序号和发布的年号组成。YY为强制性医药行业标准；YY/T为推荐性医药行业标准。如YY/T 0287−2017表示编号为0287，2017年修订的医疗器械推荐性医药行业标准。

行业标准是目前最重要的一类技术标准，大量通用技术要求的标准要通过行业标准来体现。医疗器械行业标准由国务院药品监督管理部门审批、编号、发布。

课堂练习

医疗器械标准查询：

国家药品监督管理局网站—政务公开—数据查询—医疗器械—标准目录—查询。

3. 医疗器械产品技术要求

注册申请人、备案人应当编制申请注册或者进行备案医疗器械的产品技术要求。产品技术要求内容一般包括产品名称，型号、规格及其划分说明、性能指标、检验方法、术语及附录。

产品技术要求中的性能指标是指可进行客观判定的成品的功能性、安全性指标。检验方法是用于验证产品是否符合规定要求的方法，应优先考虑采用适用的已建立标准方法的检验方法，通常情况下，检验方法应包括试验步骤和结果的表述（如计算方法等）。

（四）标准的地位

《医疗器械监督管理条例》第七条：“医疗器械产品应当符合医疗器械强制性国家标准；尚无强制性国家标准的，应当符合医疗器械强制性行业标准。”

（五）标准的制定和审核

1. 国家标准和行业标准：医疗器械标准管理中心提出医疗器械标准计划项目并公示，医疗器械生产经营企业、使用单位、监管部门、检测机构以及有关教育科研机构、社会团体等，可以提出起草相关医疗器械标准的申请。医疗器械标准化技术委员会按照公开、公正、择优的原则，选定起草单位。起草单位应当广泛调研、深入分析研究，积极借鉴相关国际标准，在对技术内容进行充分验证的基础上起草医疗器械标准，形成医疗器械标准征求意见稿，经医疗器械标准化技术委员会初步审查后，报送医疗器械标准管理中心。医疗器械标准征求意见稿向社会公开征求意见，医疗器械标准化技术委员会对征集到的意见进行汇总后，反馈给标准起草单位，起草单位应当对汇总意见进行认真研究，对征求意见稿进行修改完善，形成医疗器械标准送审稿。医疗器械标准化技术委员会负责组织对医疗器械标准送审稿进行技术审查。审查通过后，将医疗器械标准报批稿、实施建议及相关资料报送医疗器械标准管理中心进行审核。医疗器械标准管理中心将审核通过后的医疗器械标准报批稿及审核结论等报送国家药品监督管理局审查。审查通过的医疗器械国家标准送国务院标准化行政主管部门批准、发布，审查通过的医疗器械行业标准由国家药品监督管理局确定实施日期和实施要求，以公告形式发布。

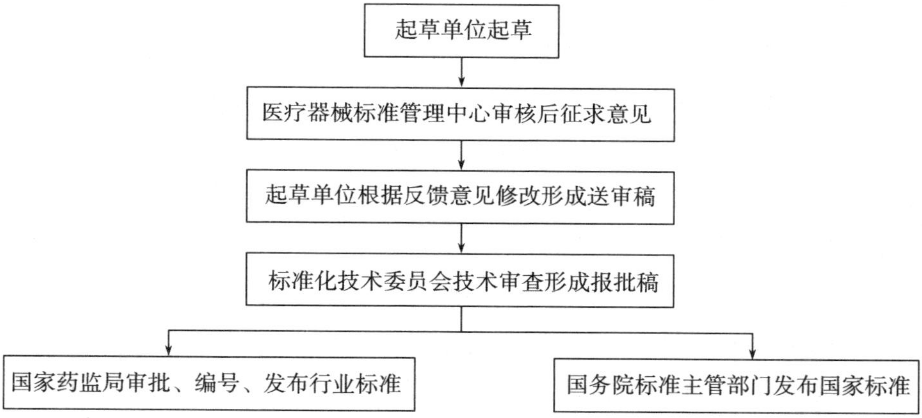


图 3-9　医疗器械标准制定审核过程

2. 产品技术要求：医疗器械注册申请人或者备案人应当编制医疗器械的产品技术要求，第一类医疗器械的产品技术要求由备案人办理备案时提交药品监督管理部门。第二类、第三类医疗器械的产品技术要求由药品监督管理部门在批准注册时予以核准。

**二、医疗器械检验**

1. 检验要求：医疗器械注册备案时提交的产品检验报告应当符合国务院药品监督管理部门的要求，可以是医疗器械注册申请人、备案人的自检报告，也可以是委托有资质的医疗器械检验机构出具的检验报告。

2. 医疗器械自检：为加强医疗器械注册管理，规范注册申请人注册自检工作，确保医疗器械注册检验工作有序开展，2021年10月21日，国家药监局制定并发布《医疗器械注册自检管理规定》（2021年第126号公告）。明确了注册人应当具备自检能力的总体要求，从人员、设备和环境设施、样品管理、检验质量控制、记录的控制等方面提出了细化要求，确保了开展自检的注册申请人真正有能力保障自检工作质量。

3. 委托检验

（1）医疗器械检验机构资格认可

国家对医疗器械检验机构实行资格认可制度。经国务院药品监督管理部门会同国务院质量技术监督部门认可的检验机构，方可对医疗器械实施检验。

（2）承检机构有关检验要求的规定

承检机构应当制定严格的样品登记、领用、检验和留样制度。

承检机构在收到样品后，应当在检验方案规定的时限内完成检验，并出具检验报告；特殊情况需延期或不能完成检验的，应当报国家局批准。承检机构应当保证检验工作公正、规范，如实填写原始记录，出具的检验报告应当内容完整、数据准确、结论明确，并对检验结果负责。原始记录及检验报告保存期不得少于5年。

4. 医疗器械检验依据：《注册与备案管理办法》第三十条："申请注册或者进行备案，应当按照产品技术要求进行检验。"

## 三、法律责任

《医疗器械监督管理条例》第八十六条规定："有下列情形之一的，由负责药品监督管理的部门责令改正，没收违法生产经营使用的医疗器械；违法生产经营使用的医疗器械货值金额不足1万元的，并处2万元以上5万元以下罚款；货值金额1万元以上的，并处货值金额5倍以上20倍以下罚款；情节严重的，责令停产停业，直至由原发证部门吊销医疗器械注册证、医疗器械生产许可证、医疗器械经营许可证，对违法单位的法定代表人、主要负责人、直接负责的主管人员和其他责任人员，没收违法行为发生期间自本单位所获收入，并处所获收入30%以上3倍以下罚款，10年内禁止其从事医疗器械生产经营活动：

（一）生产、经营、使用不符合强制性标准或者不符合经注册或者备案的产品技术要求的医疗器械；

……"

# 任务四　医疗器械临床评价

## »任务导入

**案例**

**伪造医疗器械临床试验报告案**

某药监局2017年4月检查A公司于2016年4月申请呼吸机注册证时，发现在报批材料中有弄虚作假行为。某药监局对此十分重视，立即组织调查。经核查证实以下情况：

1. 在办理注册申报过程中，A公司提供审批的资料中两份临床试验报告经标示山东省、湖南省两家医院确认均为伪造。

2. A公司提供的两份假临床试验报告为原企业聘用人员造假。

3. 调取相关票据和生产记录，确认A公司自2016年12月取得呼吸机产品注册证以来，共生产了100台，获违法所得8万元。

引导问题：

1. 医疗器械临床评价在注册中有何作用？

2. 该案应如何处罚？

## »相关知识与技能

### 一、临床评价

1. 临床评价的地位：临床评价是医疗器械注册前技术评价的重要过程，《医疗器械监督管理条例》第十四条规定：“第一类医疗器械产品备案和申请第二、三类医疗器械产品注册，应当提交下列资料：

……

（四）临床评价资料；

……”

注册申请人、备案人应当确保提交的资料合法、真实、准确、完整和可追溯。

医疗器械临床评价：采用科学合理的方法对临床数据进行分析、评价，以确认医疗器械在其适用范围内的安全性、有效性的活动。

2. 临床评价的范围

《医疗器械监督管理条例》第二十四条规定："医疗器械产品注册、备案，应当进行临床评价；但是符合下列情形之一，可以免于进行临床评价：

（1）工作机理明确、设计定型，生产工艺成熟，已上市的同品种医疗器械临床应用多年且无严重不良事件记录，不改变常规用途的；

（2）其他通过非临床评价能够证明该医疗器械安全、有效的。"

2021年9月16日，国家药监局公布《免于临床评价医疗器械目录》（2021年第71号通告），列入目录的产品申请注册时可以不进行临床评价。

3. 临床评价的方式

同品种器械比对：通过同品种临床文献资料、临床数据进行分析评价，证明医疗器械的安全性、有效性。

开展临床试验：已有临床文献资料、临床数据不足以确认产品安全、有效的医疗器械，应当开展临床试验。

国家药监局2021年9月18日发布2021年第73号通告，公布《决策是否开展医疗器械临床试验技术指导原则》。

为了指导注册人开展临床评价，国家药监局2021年9月18日发布《医疗器械临床评价技术指导原则》（2021年第73号通告）。

4. 临床试验审批

部分第三类医疗器械进行临床试验对人体具有较高风险的，临床试验应当经国家药品监督管理局批准。国家药监局于2020年9月14日发布《需进行临床试验审批的第三类医疗器械目录（2020年修订版）》（2020年第61号通告）。

5. 临床试验要求

为加强对医疗器械临床试验的管理，维护受试者权益和安全，保证医疗器械临床试验过程规范，结果真实、准确、完整和可追溯，根据《医疗器械监督管理条例》，2022年3月24日国家药监局、国家卫生健康委员会颁布《医疗器械临床试验质量管理规范》（2022年第28号公告），自2022年5月1日起施行。

开展临床试验，应按照临床试验质量管理规范的要求，在具备相应条件并按照规定备案的临床试验机构内进行。临床试验开始前，临床试验申办者应当向所在地省级药监部门进行临床试验备案。临床试验医疗器械的生产应当符合生产质量管理规范的要求。

**二、医疗器械临床试验**

1. 临床试验：是指在符合条件的医疗器械临床试验机构中，对拟申请注册的医疗器械（含体外诊断试剂）在正常使用条件下的安全性和有效性进行确认的过程。

医疗器械临床试验应当遵守《世界医学大会赫尔辛基宣言》的伦理准则和国家涉及人的生物医学研究伦理的规范。参与临床试验的各方应当按照试验中各自的职责承担相应的伦理责任。

实施医疗器械临床试验应当有充分的科学依据和明确的试验目的，权衡受试者和社会预期的风险和获益。只有当预期的获益大于风险时，方可实施临床试验。

2. 相关术语

医疗器械临床试验机构：具备相应条件，按照临床试验质量管理规范相关法律法规实施临床试验的机构。

伦理委员会：由适当人员组成的独立的委员会，职责是确保参与医疗器械临床试验的受试者的权益和安全得到保护。

受试者：自愿参加医疗器械临床试验的个人。

申办者：医疗器械临床试验的发起、管理和提供财务支持的机构或者组织。

研究者：在医疗器械临床试验机构中实施医疗器械临床试验的人员。

3. 伦理委员会

伦理委员会的组成、运行、备案管理应当符合卫生健康管理部门要求，其职责是保护受试者合法权益和安全，维护受试者尊严。伦理委员会应遵守《世界医学大会赫尔辛基宣言》的伦理准则和相关法律法规规定。

医疗器械临床试验开始前，申办者应向伦理委员会提交临床试验方案、知情同意书、临床前研究资料、主要研究者简历等资料，伦理委员会重点对主要研究者的资格、临床试验人员配备、临床方案的科学性、受试者可能的风险与收益比较等内容进行审查，审查不通过的不能进行临床试验。

4. 医疗器械临床试验机构

医疗器械临床试验机构应具有临床试验管理部门，承担临床试验的管理工作。临床试验机构管理部门负责在医疗器械临床试验机构备案管理信息系统中填报、管理和变更临床试验机构备案信息，包括临床试验专业、主要研究者等信息。

临床试验机构应建立质量管理制度，涵盖临床试验实施的全过程，包括培训和考核、临床试验的实施、医疗器械的管理、生物样本的管理、不良事件和器械缺陷的处理以及安全性信息的报告、记录、质量控制等制度，确保主要研究者履行其临床试验职责，保证受试者得到妥善的医疗处理，确保试验产生数据的真实性。

5. 研究者

负责医疗器械临床试验的研究者应当具备一定资质，遵守《世界医学大会赫尔辛基宣言》的伦理准则及相关伦理要求，确保申办者提供的试验医疗器械仅用于临床试验，在临床试验期间按照要求储存和保管医疗器械，临床试验中发生不良事件时，研究者应当为受试者提供足够、及时的治疗。研究者应当记录医疗器械临床试验过程中发生的不良事件和发现的器械缺陷。

6. 申办者

申办者应当对医疗器械临床试验的真实性、合规性负责。申办者为境外机构的，应指定中国境内的企业法人作为代理人，由代理人协助履行职责。

医疗器械临床试验前，申办者应完成试验医疗器械的临床前研究，包括性能验证及确认、产品检验报告、风险受益分析等。选择已备案的医疗器械临床试验机构、专业和主要研究者；组织制定研究者手册、临床试验方案、知情同意书、病例报告表、标准操作规程等文件。与临床试验机构和主要研究者签订合同，明确各方在医疗器械临床试验中的权利和义务。在医疗器械临床试验经伦理审查通过后，向申办者所在地省药监部门进行临床试验项目备案。

申办者应当免费提供试验医疗器械，应当为受试者支付与临床试验相关的费用。受试者发生与临床试验相关的损害或者死亡时，申办者应当承担相应的治疗费用、补偿或者赔偿。

申办者应承担临床试验监察责任，制定监察标准操作规程，应确保临床试验的实施遵守临床试验方案，发现临床试验机构和研究者不遵守临床试验方案、临床试验质量管理规范的，应当及时指出并予以纠正。

7. 临床试验方案和试验报告

申办者应当根据试验目的，综合考虑试验医疗器械的风险、技术特征、适用范围和预期用途等，组织制定科学、合理的临床试验方案。临床试验方案一般包含产品基本信息、临床试验基本信息、试验目的、风险受益分析、试验设计要素、试验设计的合理性论证、统计学考虑、实施方式

**医疗器械临床试验方案范本**

方案编号：

**×××临床试验方案**

试验医疗器械名称：

型号规格：

需进行临床试验审批的第三类医疗器械　是□　否□

方案版本号和日期：

临床试验机构：

主要研究者：

临床试验组长单位/协调研究者（多中心临床试验适用）：

申办者：

图 3-10　医疗器械临床试验方案范本

（方法、内容、步骤）、临床试验终点、数据管理、对临床试验方案修正的规定、不良事件和器械缺陷定义和报告的规定、伦理学考虑等内容。

申办者、研究者按照临床试验方案实施医疗器械临床试验，并完成临床试验报告。临床试验报告应当全面、完整、准确地反映临床试验结果，临床试验报告安全性、有效性数据应当与临床试验源数据一致。临床试验报告一般包含医疗器械临床试验基本信息、实施情况、统计分析方法、试验结果、不良事件和器械缺陷报告以及其处理情况、对试验结果的分析讨论、临床试验结论、伦理情况说明、存在问题以及改进建议等内容。

**医疗器械临床试验报告范本**

报告编号/版本号：

**×××临床试验报告**

试验医疗器械名称：

临床试验使用的型号规格：

需进行临床试验审批的第三类医疗器械　是□　否□

临床试验机构：

主要研究者：

临床试验组长单位/协调研究者（多中心临床试验适用）：

临床试验开始时间：

临床试验结束时间：

方案编号：

方案版本号和日期：

申办者：

原始资料保存地点：

年　月　日

图 3-11　医疗器械临床试验报告范本

8. 记录要求

医疗器械临床试验数据应当真实、准确、完整、具有可追溯性。临床试验的源数据应当清晰可辨识，不得随意更改。确需更改时应当说明理由，签名并注明日期。主要研究者应确保任何观察与发现均正确完整地予以记录。以患者为受试者的临床试验，相关的医疗记录应载入门诊或住院病历中。申办者和临床试验机构应确保临床试验基本文件在保存期间的完整性，避免故意或者无意地更改或者丢失。

医疗器械临床试验基本文件及记录保存要求如下：① 研究者应当在临床试验过程中妥善保存临床试验基本文件；② 临床试验机构应当保存临床试验基本文件至临床试验完成或终止后10年；③ 伦理委员会应当保存伦理审查的全部记录至临床试验完成或者终止后10年；④ 申办者应保存临床试验基本文件至无该医疗器械使用时。

## 三、法律责任

医疗器械临床试验相关违法行为处罚见下表。

**表 3-5　医疗器械临床试验违法行为处罚**

| 法律条款 | 情形 | 处罚 |
|---|---|---|
| 《医疗器械监督管理条例》第九十三条 | 未进行医疗器械临床试验机构备案开展临床试验的 | 按照《医疗器械监督管理条例》第九十三条第一款的规定处罚 |
| 《医疗器械监督管理条例》第九十三条 | 临床试验申办者开展临床试验未经备案的 | 按照《医疗器械监督管理条例》第九十三条第二款的规定处罚 |
| 《医疗器械监督管理条例》第九十三条 | 临床试验申办者未经批准开展对人体具有较高风险的第三类医疗器械临床试验的 | 按照《医疗器械监督管理条例》第九十三条第三款的规定处罚 |
| 《医疗器械监督管理条例》第九十四条 | 医疗器械临床试验机构开展医疗器械临床试验未遵守临床试验质量管理规范的 | 按照《医疗器械监督管理条例》第九十四条的规定处罚 |
| 《医疗器械监督管理条例》第九十五条 | 医疗器械临床试验机构出具虚假报告的 | 按照《医疗器械监督管理条例》第九十五条的规定处罚 |

# 任务五　医疗器械说明书、标签管理

## »任务导入

**案例**

**医疗器械产品质量公告**

2021年9月13日，国家药监局发布国家医疗器械监督抽检通告（2021年第69号），对在产品质量监督抽检中不符合标准规定的产品及相关企业进行通报。武汉某公司生产的低频半导体激光综合治疗仪（规格型号：CSN100A I，生产日期：2020年6月）不合格项为：1.设备或设备部件的外部标记；2.使用说明书。

国家药品监督管理局要求企业所在地省级药监部门按照《医疗器械监督管理条例》等法规要求，及时作出行政处理决定并向社会公布。

引导问题：

1. 说明书、标签有何作用？

2. 该案应如何处罚？

## »相关知识与技能

### 一、概述

医疗器械说明书是指由医疗器械注册人或者备案人制作，随产品提供给用户，涵盖该产品安全有效的基本信息，用以指导正确安装、调试、操作、使用、维护、保养的技术文件。

医疗器械标签是指在医疗器械或者其包装上附有的用于识别产品特征和标明安全警示等信息的文字说明及图形、符号。

医疗器械说明书、标签是反映医疗器械安全有效和主要技术特征等基本信息的载体，用以指导医疗器械的正确安装、调试、使用、维护、保养等，直接关系到使用医疗器械的安全性和有效性。

医疗器械说明书、标签的管理是医疗器械监管的重要内容。为规范医疗器械说明书、标签，保证医疗器械使用的安全，2002年1月4日，原国家药品监督管理局发布了《医疗器械说明书管理规定》，把医疗器械说明书的管理纳入监管范围。原国家食品药品监督管理局于2004年7月8日发布了《医疗器械说明书、标签和包装标识管理规定》，并自公布之日起施行，2014年7月30日，原国家食品药品监督管理总局发布了《医疗器械说明书和标签管理规定》（国家食品药品监督管理总局局令第6号），在中华人民共和国境内销售、使用的医疗器械应当按照规定要求附有说明书和标签。

## 二、医疗器械说明书、标签的内容

### （一）基本要求

1. 内容要求

医疗器械说明书和标签的内容应当科学、真实、完整、准确，并与产品特性相一致。医疗器械说明书和标签的内容应当与经注册或者备案的相关内容一致。

医疗器械标签的内容应当与说明书有关内容相符合。

医疗器械最小销售单元应当附有说明书，医疗器械的使用者应当按照说明书使用医疗器械。

2. 术语、符号、文字要求

医疗器械说明书和标签对疾病名称、专业名词、诊断治疗过程和结果的表述，应当采用国家统一发布或者规范的专用词汇，度量衡单位应当符合国家相关标准的规定。

使用的符号或者识别颜色应当符合国家相关标准的规定，无相关标准规定的，该符号及识别颜色应当在说明书中描述。

医疗器械的产品名称应当使用通用名称，通用名称应当符合国家食品药品监督管理总局制定的医疗器械命名规则。第二、三类医疗器械的产品名称应当与医疗器械注册证中的产品名称一致。产品名称应当清晰地标明在说明书和标签的显著位置。

说明书和标签文字内容应当使用中文，中文的使用应当符合国家通用的语言文字规范，可以附加其他文种，但应当以中文表述为准。

（二）内容

1. 说明书应该包括的内容

（1）产品名称、型号、规格。

（2）注册人或者备案人的名称、住所、联系方式及售后服务单位，进口医疗器械还应当载明代理人的名称、住所及联系方式。

（3）生产企业的名称、住所、生产地址、联系方式及生产许可证编号或者生产备案凭证编号。

（4）医疗器械注册证编号或者备案凭证编号。

（5）产品技术要求的编号。

（6）产品性能、主要结构组成或者成分、适用范围。

（7）禁忌症、注意事项、警示以及提示的内容。

（8）安装和使用说明或者图示，由消费者个人自行使用的医疗器械还应当具有安全使用的特别说明。

（9）产品维护和保养方法，特殊储存、运输条件、方法。

（10）生产日期，使用期限或者失效日期。

（11）配件清单，包括配件、附属品、损耗品更换周期以及更换方法的说明等。

（12）医疗器械标签所用的图形、符号、缩写等内容的解释。

（13）说明书的编制或者修订日期。

2. 说明书中有关注意事项、警示及提示性内容

（1）产品使用的对象。

（2）潜在的安全危害及使用限制。

（3）产品在正确使用过程中出现意外时，对操作者、使用者的保护措施以及应当采取的应急和纠正措施。

（4）必要的监测、评估、控制手段。

（5）一次性使用产品应当注明“一次性使用”字样或者符号，已灭菌产品应当注明灭菌方式以及灭菌包装损坏后的处理方法，使用前需要消毒

或者灭菌的应当说明消毒或者灭菌的方法。

（6）产品需要同其他医疗器械一起安装或者联合使用时，应当注明联合使用器械的要求、使用方法、注意事项。

（7）在使用过程中，与其他产品可能产生的相互干扰及其可能出现的危害。

（8）产品使用中可能带来的不良事件或者产品成分中含有的可能引起副作用的成分或者辅料。

（9）医疗器械废弃处理时应当注意的事项，产品使用后需要处理的，应当注明相应的处理方法。

（10）根据产品特性，应当提示操作者、使用者注意的其他事项。

3. 医疗器械标签应包括的内容

（1）产品名称、型号、规格。

（2）注册人或者备案人的名称、住所、联系方式，进口医疗器械还应当载明代理人的名称、住所及联系方式。

（3）医疗器械注册证编号或者备案凭证编号。

（4）生产企业的名称、住所、生产地址、联系方式及生产许可证编号或者生产备案凭证编号。

（5）生产日期，使用期限或者失效日期。

（6）电源连接条件、输入功率。

（7）根据产品特性应当标注的图形、符号以及其他相关内容。

（8）必要的警示、注意事项。

（9）特殊储存、操作条件或者说明。

（10）使用中对环境有破坏或者负面影响的医疗器械，其标签应当包含警示标志或者中文警示说明。

（11）带放射或者辐射的医疗器械，其标签应当包含警示标志或者中文警示说明。

医疗器械标签因位置或者大小受限而无法全部标明上述内容的，至少应当标注产品名称、型号、规格、生产日期和使用期限或者失效日期，并在标签中明确“其他内容详见说明书”。

4. 医疗器械说明书和标签禁止的内容

（1）含有“疗效最佳”“保证治愈”“包治”“根治”“即刻见效”“完全无毒副作用”等表示功效的断言或者保证的。

（2）含有“最高技术”“最科学”“最先进”“最佳”等绝对化语言和表示的。

（3）说明治愈率或者有效率的。

（4）与其他企业产品的功效和安全性相比较的。

（5）含有“保险公司保险”“无效退款”等承诺性语言的。

（6）利用任何单位或者个人的名义、形象作证明或者推荐的。

（7）含有误导性说明，使人感到已经患某种疾病，或者使人误解不使用该医疗器械会患某种疾病或者加重病情的表述，以及其他虚假、夸大、误导性的内容。

（8）法律、法规规定禁止的其他内容。

**三、医疗器械说明书、标签的监督管理**

1. 医疗器械说明书、标签的审查备案

医疗器械说明书、标签由注册申请人或者备案人在医疗器械注册或者备案时，提交药品监管部门审查或者备案，提交的说明书内容应当与其他注册或者备案资料相符合。

经药品监管部门注册审查的医疗器械说明书的内容不得擅自更改。

2. 医疗器械说明书的变更

已注册的医疗器械发生注册变更的，申请人应当在取得变更文件后，依据变更文件自行修改说明书和标签。

说明书的其他内容发生变化的，应当向医疗器械注册的审批部门书面告知，并提交说明书更改情况对比说明等相关文件。审批部门自收到书面告知之日起20个工作日内未发出不予同意通知件的，说明书更改生效。

已备案的医疗器械，备案信息表中登载内容、备案产品技术要求以及说明书其他内容发生变化的，备案人自行修改说明书和标签的相关内容。

**四、违法责任**

《医疗器械监督管理条例》第八十八条规定：“有下列情形之一的，

由负责药品监督管理的部门责令改正，处1万元以上5万元以下罚款；拒不改正的，处5万元以上10万元以下罚款；情节严重的，责令停产停业，直至由原发证部门吊销医疗器械生产许可证、医疗器械经营许可证，对违法单位的法定代表人、主要负责人、直接负责的主管人员和其他责任人员，没收违法行为发生期间自本单位所获收入，并处所获收入30%以上2倍以下罚款，5年内禁止其从事医疗器械生产经营活动：

（一）生产条件发生变化、不再符合医疗器械质量管理体系要求，未依照本条例规定整改、停止生产、报告；

（二）生产、经营说明书、标签不符合本条例规定的医疗器械；

……”

**案例**

**擅自增加适应范围的医疗器械案**

××县市场监督管理局根据群众举报调查：某企业业务员招聘了几个无业人员每天早晨在县电影院以宣讲老年人健康知识为名“免费赠送”所谓的能治疗疾病的产品——“痛可贴”，但还没有在现场销售其产品。通过查看免费赠送的产品，这伙人宣传的“痛可贴”是按医疗器械管理的第一类医疗器械；执法人员对其出售的产品及其相关材料进行了审查：该“痛可贴”医疗器械的包装盒与说明书上标注的适应范围与国家药品监督管理局网站上查询的该产品的备案信息中的适用范围不符，包装盒与说明书上擅自更改了适用范围，增加了适应证。

问题思考：该企业擅自增加医疗器械产品适用范围应该如何处罚？

## 目标测试

### 一、单项选择题

1. 我国医疗器械分类实行分类规则指导下的分类目录制，分类规则和分类目录并存，以（　　）优先。

A. 分类规则　　B. 分类目录

C. 国家局通知　　D. 以上三个都是

2. 如果一个医疗器械可以适用两个或两个以上分类，应采取（　　）分类。

A. 风险程度高的　　B. 风险程度低的

C. 根据使用部位确定　　D. 综合以上情况确定

3. 下列属于有源医疗器械的是（　　）

A. 依靠电能发挥功能的医疗器械

B. 依靠重力产生的能源发挥功能的医疗器械

C. 以上都是

D. 以上都不是

4. 植入材料和人工器官中不属于第三类管理的医疗器械的是（　　）

A. 眼内充填材　　B.助听器

C. 骨板、骨螺钉　　D.人工瓣膜

5. 暂时使用的医疗器械是指预期的连续使用时间在（　　）的器械。

A. 24小时以内　　B. 3日以内

C. 15日以内　　D. 30日以内

6. 可被人体吸收的医疗器械，按照（　　）管理。

A. 第一类　　B. 第二类

C. 第三类　　D. 根据具体情况确定

7. 新版医疗器械分类目录包括（　　）个子目录。

A. 43　　B. 22　　C. 8　　D. 60

8. 现行《医疗器械注册与备案管理办法》发布的部门规章编号是（　　）

A. 局令12号　　B. 总局令47号

C. 局令16号　　D. 总局令5号

9. 办理进口第一类医疗器械备案的是（　　）

A. 口岸所在地市级市场监督管理部门

B. 口岸所在地省级药品监督管理部门

C. 国家药品监督管理局

D. 生产企业所在国药品监督管理部门

10. 审批境内第二类医疗器械注册的是（　　）

A. 国家药品监督管理局　　B. 省级药品监督管理局

C. 市级市场监管部门　　D. 国家级医疗器械检测中心

11. 下列属于国产第二类医疗器械注册证书编号的是（　　）

A. 国械注准20183250073　　B. 鲁械注准20182250073

C. 合械注准20181250073　　D. 国械注准20182250073

12. 医疗器械产品注册证书的有效期为（　　）

A. 3年　　B. 4年

C. 5年　　D. 因类别而定

13. 以下变化不属于医疗器械注册证变更注册事项的是（　　）

A. 产品名称　　B. 产品型号

C. 注册人名称　　D. 产品规格

14. 医疗器械注册证有效期届满需要延续注册的，注册人应当在医疗器械注册证有效期届满（　　）前，向药品监督管理部门申请延续注册。

A. 1个月　　B. 3个月

C. 6个月　　D. 1年

15. 医疗器械强制性行业标准的代码是（　　）

A. GB　　B. YL

C. YX　　D. YY

16. 医疗器械推荐性国家标准代码是（　　）

A. GB　　B. YY

C. GB/T　　D. YY/T

17. 医疗器械注册检验的依据是（　　）

A. 注册申请人提交的产品技术要求

B. 国家标准

C. 行业标准

D. 地方标准

18. 生产、经营、使用不符合强制性标准或者不符合经注册或者备案的产品技术要求的医疗器械的按（　　）处罚。

A.《标准管理办法》第二十条

B.《注册管理办法》第三十四条

C.《经营管理办法》第三十八条

D.《医疗器械监督管理条例》第八十六条

19. 医疗器械行业标准由什么部门审批、编号、发布？（　　）

A. 中国医疗器械行业协会

B. 国务院药品监督管理部门设立的医疗器械标准化技术委员会

C. 国务院药品监督管理部门医疗器械标准管理中心

D. 国务院药品监督管理部门

20. 免于进行临床评价的医疗器械目录由（　　）制定、调整并公布。

A. 国家药品监督管理局

B. 省级药品监督管理局

C. 市级市场监督管理局

D. 中国医疗器械行业协会

21.（　　）医疗器械进行临床试验对人体具有较高风险的，应当经原国家食品药品监督管理总局批准。

A. 第一类　　B. 第二类

C. 第三类　　D. 第二类、第三类

22. 承担医疗器械临床试验的医疗机构是指（　　）

A. 经过国务院食品药品监督管理部门认定的临床试验基地

B. 经过国务院卫生行政部门认定的临床试验基地

C. 经过国务院药品监督管理部门会同国务院卫生行政部门认定的药品临床试验基地

D. 具备相应条件的临床试验机构，并向药品监督管理部门备案

23. 医疗器械临床试验资料当妥善保存和管理。临床试验机构与申办者应当保存临床试验资料的时间为（　　）

A. 临床试验机构至试验结束后3年，申办者至最后生产的产品投入使用后3年

B. 临床试验机构至试验结束后5年，申办者至最后生产的产品投入使用后5年

C. 临床试验机构至试验结束后10年，申办者至最后生产的产品投入使用后10年

D. 临床试验机构至试验结束后10年，申办者至无该医疗器械使用时

24. 医疗器械的使用者应当按照（　　）使用医疗器械。

A. 医疗器械的广告　　B. 医疗器械的说明书

C. 营业员的解说　　D. 医疗器械的质量标准

25. 医疗器械说明书和标签文字内容应当使用（　　）

A. 英文　　B.中文

C. 日文　　D. 注册申请人根据情况确定

26. 说明书和标签不符合相关法规要求的，由负责药品监督管理的部门按照《医疗器械监督管理条例》第（　　）条的规定予以处罚。

A. 六十三　　B. 六十四

C. 八十八　　D. 八十六

27. 医疗器械说明书、标签可以有（　　）

A. “疗效最佳”等表示功效的断言或者保证的内容

B. 与其他企业产品的功效和安全性相比较的内容

C. 产品的性能、主要结构、适用范围的内容

D. 使人感觉不使用该医疗器械会患某种疾病的表述

## 二、多项选择题

1. 有源器械失控后造成的损伤程度分为（　　）

A. 轻微损伤　　B. 中度损伤

C. 严重损伤　　D. 特别严重损伤

2. 确定医疗器械的分类，应根据医疗器械的哪些情况进行综合评定？（　　）

A. 结构特征　　B. 使用形式

C. 使用状态　　D. 是否接触人体

3. 2017版《医疗器械分类目录》框架结构包括（　　）

A. 子目录　　B. 一级产品类别

C. 二级产品类别　　D. 产品描述

4. 已注册的第二类、第三类医疗器械注册证书中下列哪些内容发生变化的，注册人应当向原注册部门申请注册变更？（　　）

A. 产品名称、型号、规格　　B. 产品适用范围

C. 注册人名称和住所　　D. 产品技术要求

5. 申请第二类、第三类医疗器械产品注册，应当提交资料包括（　　）

A. 产品技术要求　　B. 产品检验报告

C. 临床评价资料　　D. 产品风险分析资料

6. 需要在国家药品监督管理局办理的事项有（　　）

A. 进口第一类医疗器械备案

B. 境内第二类医疗器械注册

C. 第三类医疗器械注册证变更

D. 进口第二类医疗器械注册

7. 不予注册的情形包括（　　）

A. 临床试验报告虚假

B. 注册申报资料使用再生纸

C. 质量管理体系核查未通过

D. 注册申请资料内容混乱、矛盾

8. 医疗器械标准按照其效力分为（　　）

A. 强制性标准　　B. 地方标准

C. 推荐性标准　　D. 企业标准

9. 医疗器械标准按照其规范对象分为（　　）

A. 基础标准　　B. 方法标准

C. 管理标准　　D. 产品标准

10. 医疗器械临床试验方案应当包括（　　）

A. 产品基本信息　　B. 临床试验的基本信息

C. 试验目的　　D.风险收益分析

11. 医疗器械说明书和标签的内容应当（　　），并与产品特性相一致。

A. 科学　　B. 真实

C. 完整　　D. 准确

12. 医疗器械标签至少应当标注（　　）

A. 产品名称、型号、规格　　B. 生产日期

C. 使用期限或者失效日期　　D. 医疗器械注册证书编号

13. 医疗器械说明书一般应当包括（　　）

A. 产品名称、型号、规格

B. 注册人或者备案人的名称、住所、联系方式

C. 医疗器械注册证编号或者备案凭证编号

D. 产品性能、主要结构组成或者成分、适用范围

14. 医疗器械说明书中有关注意事项、警示以及提示性内容主要包括（　　）

A. 产品使用的对象

B. 潜在的安全危害及使用限制

C. 产品在正确使用过程中出现意外时，对操作者、使用者的保护措施

D. 产品使用中可能带来的不良事件

**三、简答题**

1. 简述医疗器械分类的依据及判定方法。

2. 说明新版《医疗器械分类目录》的框架结构。

3. 医疗器械产品注册证书的申请及审批程序。

4. 医疗器械注册需要提交哪些资料？

5. 医疗器械行业标准制定流程。

6. 医疗器械申请注册备案时哪些产品需要临床评价，临床评价的方式有哪些？

7. 什么是医疗器械说明书？什么是医疗器械标签？

8. 医疗器械说明书一般应该包括哪些内容？

## 四、案例分析

1. 医疗器械不符合强制性标准案

国家药监局2022年7月18日发布质量公告，国家药品监督管理局组织对手术衣、一次性使用腹部穿刺器、小型蒸汽灭菌器等3个品种进行了产品质量监督抽检，其中浙江某公司生产的一次性手术衣经江苏省医疗器械检验所检验，环氧乙烷残留量不符合国家标准。

该案应如何处理？

2. 产品说明书与产品适用范围不符案

某市药监局在医疗机构检查中，发现安徽某医疗器械有限公司生产的“WDY-IC微波多功能治疗机”，其《医疗器械注册证》的产品适用范围为：用于鼻腔内疾病（慢性肥厚性鼻炎）和消化系统疾病（消化道内肿瘤）的灼除、止血和治疗。但是，该产品说明书的适用范围则是：适用于①耳鼻喉科；②妇产科；③皮肤科；④口腔科；⑤消化内科。

该案应如何处理？

# 项目四　医疗器械生产管理

## 任务一　医疗器械生产备案许可

### »任务导入

**案例**

**未经许可擅自生产医疗器械案**

某市药监局查处一处非法生产义齿的窝点，当场查扣了真空烤瓷炉、喷砂机、铸造机等设备和义齿牙冠树脂、自凝牙托粉等材料，还发现了义齿加工设计单、加工流程表等资料。

经查证，涉案人员王某，在没有《医疗器械生产许可证》《医疗器械注册证》情况下，租用民宅，雇佣人员，自购原辅料及设备，非法生产义齿。

案例分析：

1. 医疗器械生产企业一定要取得《医疗器械生产许可证》吗？

2. 生产固定义齿一定要有《医疗器械生产许可证》吗？

3. 该案应如何定性？

## »相关知识与技能

### 一、概述

（一）医疗器械生产管理的法规

为了加强医疗器械生产监督管理，规范医疗器械生产活动，保证医疗器械安全、有效，根据《医疗器械监督管理条例》，国家市场监督管理总局2022年3月10日颁布《医疗器械生产监督管理办法》（以下简称《生产办法》）（国家市场监督管理总局令第53号），自2022年5月1日起施行。

（二）备案许可的要求

1. 从事第一类医疗器械生产，应该向设区的市级市场监督管理部门办理生产备案，取得医疗器械生产备案凭证。

2. 从事第二、第三类医疗器械生产，应该向省级药品监督管理部门申请生产许可，取得医疗器械生产许可证。

（三）开办医疗器械生产企业的条件

1. 有与生产的医疗器械相适应的生产场地、环境条件、生产设备以及专业技术人员。

2. 有对生产的医疗器械进行质量检验的机构或者专职检验人员以及检验设备。

3. 有保证医疗器械质量的管理制度。

4. 有与生产的医疗器械相适应的售后服务能力。

5. 符合产品研制、生产工艺文件规定的要求。

（四）注册人制度

《医疗器械监督管理条例》第三十四条规定："医疗器械注册人、备案人可以自行生产医疗器械，也可认委托符合本条例规定、具备相应条件的企业生产医疗器械。"

委托生产的，注册人、备案人应对医疗器械质量负责，并加强对受托企业的管理，保证其按照法定要求进行生产。医疗器械注册人、备案人应当与受托生产企业签订委托协议，明确双方权利、义务和责任。受托生产企业应当依照法律法规、医疗器械生产质量管理规范、强制性标准、产品技术要求和委托协议组织生产，对生产行为负责，并接受委托方的监督。

具有高风险的植入器械不得委托生产，具体目录由国家药监局制定。

（五）质量体系要求

《医疗器械监督管理条例》第三十五条规定："医疗器械注册人、备案人、受托企业应按照医疗器械生产质量管理规范，建立健全与所生产医疗器械相适应的质量管理体系并保证其有效运行；严格按照经注册或者备案的产品技术要求组织生产，保证出厂的医疗器械符合强制性标准以及经注册或者备案产品技术要求。"

《医疗器械监督管理条例》第三十六条规定："医疗器械生产条件变化，不再符合医疗器械质量管理体系要求的，医疗器械注册人、备案人、受托生产企业应当立即采取整改措施；可能影响医疗器械安全、有效的，应立即停止生产活动，并向原生产许可或备案部门报告。"

## 二、第一类医疗器械生产企业的备案

从事第一类医疗器械生产的，应当向所在地市级市场监督管理部门办理生产备案，在提交以下相关资料后即完成备案，获取备案编号，发给《第一类医疗器械生产备案凭证》。① 所生产的医疗器械备案凭证以及产品技术要求复印件；② 法定代表人（企业负责人）身份证明复印件；③ 生产、质量和技术负责人的身份、学历、职称相关材料复印件；④ 生产管理、质量检验岗位从业人员学历、职称一览表；⑤ 生产场地的相关文件复印件，有特殊生产环境要求的，还应当提交设施、环境的相关文件复印件；⑥ 主要生产设备和检验设备目录；⑦ 质量手册和程序文件目录；⑧ 生产工艺流程图；⑨ 证明售后服务能力的相关材料；⑩ 经办人的授权文件。

医疗器械备案人自行生产第一类医疗器械的，可以在产品备案时一并提交上述资料，即完成生产备案。

药监部门应当在生产备案之日起3个月内，对提交的资料以及执行医疗器械生产质量管理规范情况开展现场检查。对不符合生产质量管理规范要求的，依法处理并责令限期改正；不能保证产品安全、有效的，取消备案并向社会公告。

第一类医疗器械生产备案凭证内容发生变化的，应当在10个工作日内向原备案部门提交资料，办理变更备案。

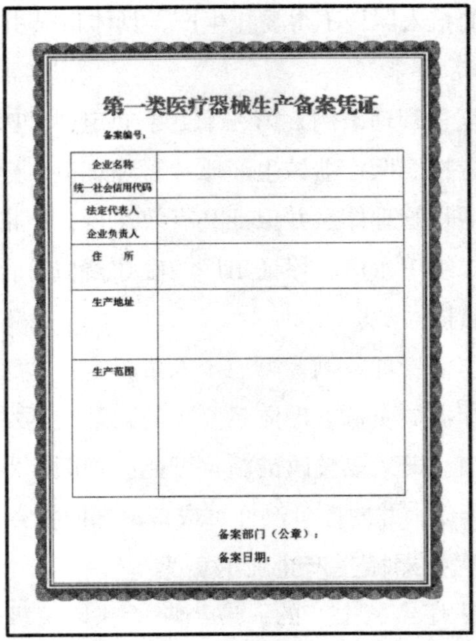

第一类医疗器械生产备案凭证

备案编号：

| | |
|---|---|
| 企业名称 | |
| 统一社会信用代码 | |
| 法定代表人 | |
| 企业负责人 | |
| 住　所 | |
| 生产地址 | |
| 生产范围 | |

备案部门（公章）：

备案日期：

图 4-1　医疗器械生产备案凭证

《第一类医疗器械生产备案凭证》编号编排方式为：XX药监械生产备XXXXXXXX号。

其中：

第一位X代表备案部门所在地省、自治区、直辖市的简称。

第二位X代表所在地市级行政区域的简称。

第三到第六位X代表4位数备案年份。

第七到第十位X代表4位数备案流水号。

### 三、第二、三类医疗器械生产许可

1. 提出申请：开办第二、三类医疗器械生产企业，应当向所在地省级药监部门申请生产许可，并提交以下资料：① 所生产的医疗器械注册证以及产品技术要求复印件；② 法定代表人（企业负责人）身份证明复印件；③ 生产、质量和技术负责人的身份、学历、职称相关材料复印件；④ 生产管理、质量检验岗位从业人员学历、职称一览表；⑤ 生产场地的相关文件复印件，有特殊生产环境要求的，还应当提交设施、环境的相关文件复印件；⑥ 主要生产设备和检验设备目录；⑦ 质量手册和程序文件目录；⑧ 生产工艺流程图；⑨ 证明售后服务能力的相关材料；⑩ 经办人的授权文件。

申请人应当确保所提交的材料合法、真实、准确、完整和可追溯。

相关材料可以通过联网核查的，无需申请人提供。

2. 形式审查：省级药监部门收到申请后，应当根据下列情况分别作出处理：

（1）申请事项属于其职权范围，申请资料齐全、符合法定形式的，应当受理申请。

（2）申请资料存在可以当场更正的错误的，允许申请人当场更正。

（3）申请资料不齐全或者不符合法定形式的，应当当场或者在5个工作日内一次告知申请人需要补正的全部内容，逾期不告知的，自收到申请资料之日起即为受理。

（4）申请事项不属于本部门职权范围的，应当即时作出不予受理的决定，并告知申请人向有关行政部门申请。

省级药监部门受理或者不予受理生产许可申请，应当出具受理或者不予受理的通知书。

3. 审查：省级药监部门应当自受理之日起20个工作日内对申请资料进行审核，并按照医疗器械生产质量管理规范的要求开展现场核查。需要整改的，整改时间不计入审核时限。

符合规定条件的，依法作出准予许可的书面决定，并于10个工作日内发给《医疗器械生产许可证》；不符合规定条件的，作出不予许可的书面决定，并说明理由。

4. 生产许可证：《医疗器械生产许可证》分为正本和副本，有效期为5年。

正本和副本载明：许可证编号、企业名称、统一社会信用代码、法定代表人（企业负责人）、住所、生产地址、生产范围、发证部门、发证日期和有效期限。

副本记载：许可证正本载明事项变更以及车间或者生产线重大改造等

情况。

企业名称、统一社会信用代码、法定代表人（企业负责人）、住所等项目应当与营业执照中载明的相关内容一致。

《医疗器械生产许可证》电子证书与纸质证书具有同等法律效力。

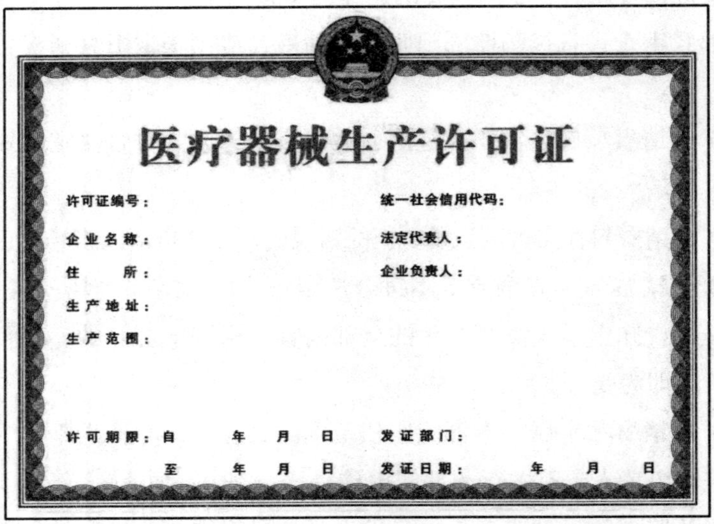
医疗器械生产许可证

许可证编号：　　统一社会信用代码：

企业名称：　　法定代表人：

住　　所：　　企业负责人：

生产地址：

生产范围：

许可期限：自　年　月　日　　发证部门：

至　年　月　日　　发证日期：　年　月　日

图 4-2 《医疗器械生产许可证》（正本）

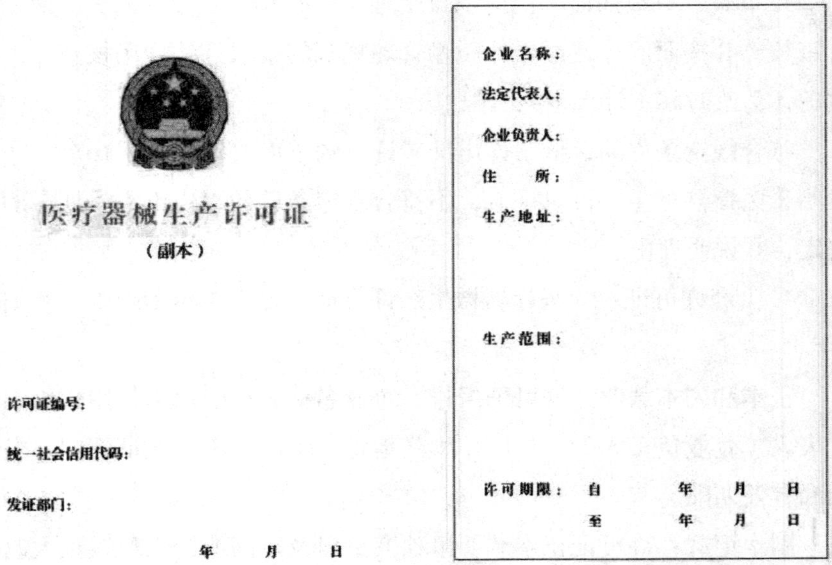
医疗器械生产许可证

（副本）

许可证编号：

统一社会信用代码：

发证部门：

年　月　日

企业名称：

法定代表人：

企业负责人：

住　　所：

生产地址：

生产范围：

许可期限：自　年　月　日

至　年　月　日

| | |
|---|---|
| 变更内容：<br><br>年　月　日 | 变更内容：<br><br>年　月　日 |
| 变更内容：<br><br>年　月　日 | 变更内容：<br><br>年　月　日 |
| 变更内容：<br><br>年　月　日 | 变更内容：<br><br>年　月　日 |

图 4-3　《医疗器械生产许可证》（副本）

《医疗器械生产许可证》编号的编排方式为：X药监械生产许XXXXXXXX号。

其中：

第一位X代表许可部门所在地省、自治区、直辖市的简称。

第二到第五位X代表4位数许可年份。

第六到第九位X代表4位数许可流水号。

5.《医疗器械生产许可证》的变更

（1）生产许可变更

生产地址变更或者生产范围增加的，应当向原发证部门申请医疗器械生产许可变更，并提交涉及变更内容的有关材料，原发证部门应当依照规定进行审核并开展现场核查。

车间或者生产线进行改造，导致生产条件发生变化，可能影响医疗器械安全、有效的，应当向原发证部门报告。属于许可事项变化的，应当按照规定办理许可变更手续。

（2）登记事项变更

企业名称、法定代表人（企业负责人）、住所变更或者生产地址文字性变更，以及生产范围核减的，应当在变更后30个工作日内，向原发证部门申请登记事项变更，并提交相关材料。原发证部门应当在5个工作日内完成登记事项变更。

6.《医疗器械生产许可证》的延续：《医疗器械生产许可证》有效期届满延续的，应当在有效期届满前90至30个工作日期间提出延续申请。逾期未提出延续申请的，不再受理其延续申请。

原发证部门结合企业遵守医疗器械法律法规、医疗器械生产质量管理规范情况和企业质量管理体系运行情况进行审查，必要时开展现场核查，在生产许可证有效期届满前作出是否准予延续的决定。

经审查符合规定条件的，准予延续，延续的生产许可证编号不变。不符合规定条件的，责令限期改正；整改后仍不符合规定条件的，不予延续，并书面说明理由。

7.《医疗器械生产许可证》的补发：《医疗器械生产许可证》遗失的，应当向原发证部门申请补发。原发证部门应当及时补发，补发的生产许可证编号和有效期限与原许可证一致。

8.《医疗器械生产许可证》的注销：有下列情形之一的，由原发证部门依法注销《医疗器械生产许可证》，并予以公告：① 主动申请注销的；② 有效期届满未延续的；③ 市场主体资格依法终止的；④ 医疗器械生产许可证依法被吊销或者撤销的；⑤ 法律、法规规定应当注销行政许可的其他情形。

9. 任何单位或者个人不得伪造、变造、买卖、出租、出借《医疗器械生产许可证》。

**四、生产质量管理**

医疗器械注册人、备案人、受托生产企业应当按照医疗器械生产质量管理规范的要求，建立健全质量管理体系并保持其有效运行，并严格按照经注册备案的产品技术要求组织生产，保证出厂的医疗器械符合强制性标准以及经注册备案的产品技术要求。

医疗器械注册人、备案人的法定代表人、主要负责人对其生产的医疗器械质量安全全面负责。

医疗器械注册人、备案人、受托生产企业应当配备管理者代表。管理者代表受法定代表人或主要负责人委派，履行建立、实施并保持质量管理体系有效运行等责任。

医疗器械注册人、备案人、受托生产企业应当开展医疗器械法律、法规、规章、标准以及质量管理等方面的培训，建立培训制度，制订培训计划，加强考核并做好培训记录。

医疗器械注册人、备案人、受托生产企业应当按照所生产产品的特性、工艺流程以及生产环境要求合理配备、使用设施设备，加强对设施设备的管理，并保持其有效运行。

医疗器械注册人、备案人应当开展设计开发到生产的转换活动，并进行充分验证和确认，确保设计开发输出适用于生产。

医疗器械注册人、备案人、受托生产企业应当加强采购管理，建立供应商审核制度，对供应商进行评价，确保采购产品和服务符合相关规定要求。

医疗器械注册人、备案人、受托生产企业应当建立原材料采购验收记录制度，确保相关记录真实、准确、完整和可追溯。

医疗器械注册人、备案人委托生产的，应当对受托方的质量保证能力和风险管理能力进行评估，按照国家药监局制定的委托生产质量协议指南要求，与其签订质量协议以及委托协议，监督受托方履行有关协议约定的义务。

受托生产企业应当按照法律、法规、规章、医疗器械生产质量管理规范、强制性标准、产品技术要求、委托生产质量协议等要求组织生产，对生产行为负责，并接受医疗器械注册人、备案人的监督。

医疗器械注册人、备案人、受托生产企业应当建立记录管理制度，确保记录真实、准确、完整和可追溯。

医疗器械注册人、备案人应当负责产品上市放行，建立产品上市放行规程，明确放行标准、条件，并对医疗器械生产过程记录和质量检验结果进行审核，符合标准和条件的，经授权的放行人员签字后方可上市。委托生产的，医疗器械注册人、备案人还应当对受托生产企业的生产放行文件进行审核。

受托生产企业应当建立生产放行规程，明确生产放行的标准、条件，确认符合标准、条件的，方可出厂。

医疗器械注册人、备案人应当建立并实施产品追溯制度，保证产品可追溯。受托生产企业应当协助注册人、备案人实施产品追溯。

医疗器械注册人、备案人、受托生产企业应当按照医疗器械不良事件监测相关规定落实不良事件监测责任，开展不良事件监测，向医疗器械不良事件监测技术机构报告调查、分析、评价、产品风险控制等情况。

医疗器械注册人、备案人发现生产的医疗器械不符合强制性标准、经注册备案的产品技术要求，或者存在其他缺陷的，应当立即停止生产，通知相关经营企业、使用单位和消费者停止经营和使用，召回已经上市销售的医疗器械，采取补救、销毁等措施，记录相关情况，发布相关信息，并将医疗器械召回和处理情况向药品监督管理部门和卫生主管部门报告。

受托生产企业应当按照医疗器械召回的相关规定履行责任，并协助医疗器械注册人、备案人对所生产的医疗器械实施召回。

医疗器械注册人、备案人、受托生产企业应当每年对质量管理体系的运行情况进行自查，并于次年3月31日前向所在地药品监督管理部门提交自查报告。进口医疗器械注册人、备案人由其代理人向代理人所在地省级药监部门提交自查报告。

## 五、医疗器械生产企业的监督管理

1. 医疗器械生产企业分级管理

为了进一步加强医疗器械生产监管工作，科学合理配置监管资源，依法保障医疗器械安全有效，推动医疗器械质量安全水平实现新提升，按照“风险分级、科学监管，全面覆盖、动态调整，落实责任、提升效能”的原则，开展医疗器械生产分级监管，建立健全科学高效的监管模式，保障人民群众用械安全。

（1）落实生产分级监管职责

国家药品监督管理局负责指导和检查全国医疗器械生产分级监管工作，制定医疗器械生产重点监管品种目录。

省级药品监督管理部门负责制定本行政区域医疗器械生产重点监管品种目录，组织实施医疗器械生产分级监管工作。

设区的市级市场监督管理的部门依法按职责负责本行政区域第一类医疗器械生产分级监管的具体工作。

（2）生产企业分级

对风险程度高的企业实施四级监管，主要包括生产本行政区域重点监管品种目录产品，以及质量管理体系运行状况差、有严重不良监管信用记录的企业。

对风险程度较高的企业实施三级监管，主要包括生产除本行政区域重点监管品种目录以外第三类医疗器械，以及质量管理体系运行状况较差、有不良监管信用记录的企业。

对风险程度一般的企业实施二级监管，主要包括生产除本行政区域重点监管品种目录以外第二类医疗器械的企业。

对风险程度较低的企业实施一级监管，主要包括生产第一类医疗器械的企业。

涉及多个监管级别的，按照最高级别进行监管。

（3）监管措施

实施四级监管的企业，每年全项目检查不少于一次。

实施三级监管的，每年检查不少于一次，其中每两年全项目检查不少于一次。

实施二级监管的，原则上每两年检查不少于一次。

实施一级监管的，原则上每年随机抽取本行政区域25%以上的企业进行监督检查，并对新增第一类医疗器械生产企业在生产备案之日起3个月内开展现场检查。

2. 监督检查计划：药品监督管理部门依法按照职责开展对医疗器械注册人、备案人和受托生产企业生产活动的监督检查。

药品监督管理部门应当建立健全职业化、专业化医疗器械检查员制度，根据监管事权、产业规模以及检查任务等，配备充足的检查员，有效保障检查工作需要。

省级药监部门应当制订年度医疗器械生产监督检查计划，确定医疗器械监督管理的重点，明确检查频次和覆盖范围，综合运用监督检查、重点检查、跟踪检查、有因检查和专项检查等多种形式强化监督管理。

3. 监督检查

药监部门进行监督检查时，应指派两名以上检查人员实施监督检查。执法人员应当向被检查单位出示执法证件，其他检查人员应当出示检查员证或者表明其身份的文书、证件。

药监部门组织监督检查，应当制定检查方案，明确检查事项和依据，如实记录现场检查情况，将检查结果书面告知被检查企业。需要整改的，应当明确整改内容及整改期限，并实施跟踪检查。

药监部门对不良事件监测、抽查检验、投诉举报等发现可能存在严重质量安全风险的，应当开展有因检查。有因检查原则上采取非预先告知的方式进行。

**案例**

**未办理《医疗器械生产许可证》变更案**

2019年6月，某市药监部门现场检查某医疗器械生产企业。发现该企业实际从事监护仪的制造生产，并持有《医疗器械生产许可证》，在其成品仓库中发现8台监护仪。经调查取证后查实，该医疗器械厂于2016年2月取得《医疗器械生产许可证》，注册地址在该市南区，其生产的监护仪产品注册证上标识的地址也为该市市南区。2018年8月该企业从市南区搬迁至市北区，未按规定办理变更手续，在市北区继续生产并销售监护仪。

问题：该企业应办理什么手续？该案应该如何处罚？

## 六、法律责任

《医疗器械监督管理条例》《医疗器械生产监督管理办法》明确了医疗器械生产监督管理的相关法律责任，对违反有关医疗器械生产监督管理行为的情形予以处罚，见下表。

**表 4-1　医疗器械生产违法行为处罚**

| 法律条款 | 情形 | 处罚 |
| --- | --- | --- |
| 《医疗器械监督管理条例》第八十一条 | （1）生产未取得注册证的第二类、三类医疗器械<br>（2）未经许可从事第二类、三类医疗器械生产活动 | 按照《医疗器械监督管理条例》第八十一条规定处罚 |
| 《医疗器械监督管理条例》第八十三条 | 申请生产许可时提供虚假资料或其他欺骗手段的 | 按照《医疗器械监督管理条例》第八十三条规定处罚 |
| 《医疗器械监督管理条例》第八十四条 | （1）生产未经备案的第一类医疗器械<br>（2）未经备案从事第一类医疗器械生产<br>（3）已经备案的资料不符合要求 | 按照《医疗器械监督管理条例》第八十四条规定处罚 |
| 《医疗器械监督管理条例》第八十三条 | 在申请医疗器械生产许可时提供虚假资料或者采取其他欺骗手段的 | 按照《医疗器械监督管理条例》第八十三条规定处罚 |
| 《医疗器械监督管理条例》第八十五条 | 备案时提供虚假资料的 | 按照《医疗器械监督管理条例》第八十五条规定处罚 |
| 《医疗器械监督管理条例》第八十六条 | （1）生产不符合强制性标准或者不符合经注册备案的产品技术要求的医疗器械<br>（2）未按照经注册备案的产品技术要求组织生产，或者未依照规定建立质量管理体系并保持有效运行，影响产品安全、有效<br>（3）委托不具备条件的企业生产医疗器械，或者未对受托生产企业的生产行为进行管理 | 按照《医疗器械监督管理条例》第八十六条规定处罚 |
| 《医疗器械监督管理条例》第八十八条 | （1）生产条件发生变化、不再符合医疗器械质量管理体系要求，未依照规定整改、停止生产、报告<br>（2）生产说明书、标签不符合规定的医疗器械 | 按照《医疗器械监督管理条例》第八十八条规定处罚 |
| 《医疗器械监督管理条例》第八十九条 | （1）未按照要求提交质量管理体系自查报告<br>（2）未依照规定开展医疗器械不良事件监测，未按照要求报告不良事件 | 按照《医疗器械监督管理条例》第八十九条规定处罚 |

续表

| 法律条款 | 情形 | 处罚 |
| --- | --- | --- |
| 《生产办法》第七十四条 | （1）超出医疗器械生产许可证载明的生产范围生产第二类、第三类医疗器械<br>（2）在未经许可的生产场地生产第二类、第三类医疗器械<br>（3）医疗器械生产许可证有效期届满后，未依法办理延续手续，仍继续从事第二类、第三类医疗器械生产<br>（4）医疗器械生产企业增加生产产品品种，应当依法办理许可变更而未办理的 | 按照《医疗器械监督管理条例》第八十一条的规定处罚 |
| 《生产办法》第七十五条 | 未按照规定办理第一类医疗器械生产备案变更的 | 按照《医疗器械监督管理条例》第八十四条的规定处罚 |
| 《生产办法》第七十六条 | 违反《医疗器械生产质量管理规范》，未建立质量管理体系并保持有效运行的 | 由药监部门依职责责令限期改正；影响产品安全、有效的，依照《医疗器械监督管理条例》第八十六条的规定处罚 |
| 《生产办法》第七十七条 | 生产条件变化，可能影响产品安全、有效，未按照规定报告即生产的 | 按照《医疗器械监督管理条例》第八十八条的规定处罚 |
| 《生产办法》第七十八条 | （1）医疗器械生产企业未依照规定向药监部门报告所生产的产品品种情况及相关信息的<br>（2）连续停产一年以上且无同类产品在产，重新生产时未进行必要的验证和确认并向所在地药监部门报告的 | 由药监部门依职责给予警告，并处1万~5万元罚款 |
| 《生产办法》第七十九条 | （1）未按照规定办理医疗器械生产许可证登记事项变更的<br>（2）未按照实施医疗器械唯一标识的要求，组织开展赋码、数据上传和维护更新等工作的 | 由药监部门依职责责令限期改正；拒不改正的，处1万~5万元罚款；情节严重的，处5万~10万元罚款 |

课堂训练

医疗器械生产企业查询：

国家药监局网站—政务公开—数据查询—医疗器械—医疗器械生产企业查询。

# 任务二　医疗器械生产质量管理规范

## »任务导入

**案例**

国家药监局2021年6月30日组织对广州某企业进行了飞行检查，发现企业质量体系存在以下缺陷：

**一、生产管理方面**

1. 呼吸机关键工序“打动平衡”使用的动平衡机有2种，但该工序作业指导书未全部涵盖，缺少动平衡值设定等参数的规定，不符合《医疗器械生产质量管理规范》中企业应当编制生产工艺规程、作业指导书等，明确关键工序和特殊过程的要求。

2. 批号为211803的“8系正压通气治疗机”，其中 1件物料批号为202609的主控板PCBA为不良品退回原料库按“拆解零部件”处置，但该批产品的领料记录和主板调测试记录数量均为“200”且“合格”；不符合《医疗器械生产质量管理规范》中每批（台）产品均应当有生产记录，并满足可追溯的要求。

**二、质量控制方面**

1. 未按照《持续正压呼吸机》产品技术要求规定，采用符合YY/T1040.1−2015规定的接头，并对通气管道接口连接牢固度进行测试，不符合《医疗器械生产质量管理规范》中企业应当根据强制性标准以及经注册或者备案的产品技术要求制定产品的检验规程，并出具相应的检验报告或者证书的要求。

2. 持续正压呼吸机批检验记录中压力误差检验记录未记录三个压力值的误差原始记录；最大气体流量未按照规定保存原始记录；未记录检验过程中使用的流量计和湿度测试仪器；未记录压力误差测试过程中对被测品

参数的调整，不符合《医疗器械生产质量管理规范》中每批（台）产品均应当有批检验记录，并满足可追溯的要求。

三、不良事件监测、分析和改进方面

查看编号为T117-200610-001的医疗器械召回调查评估报告，企业未对抽验不合格涉及的相同生产批号已销售产品进行分析，不符合《医疗器械生产质量管理规范》中对于存在安全隐患的医疗器械，企业应当按照有关法规要求采取召回等措施，并按规定向有关部门报告的要求。

结论：该企业质量管理体系存在严重缺陷，不符合生产质量管理规范相关规定。该企业已对上述缺陷予以确认。

国家药监局依法责成该企业立即停产整改，对涉及违反《医疗器械监督管理条例》及相关法律法规的，依法严肃处理；该企业完成全部项目整改并经广东省药监局复查合格后方可恢复生产。

引导问题：

1. 医疗器械生产企业飞行检查的依据是什么？

2. 该案中确定不符合项的依据是《医疗器械生产质量管理规范》中的那一条？

## »相关知识与技能

### 一、概述

医疗器械质量管理体系是实现对医疗器械生产全过程控制，保障医疗器械安全有效的重要手段，也是世界各国普遍采用的管理方式和国际上评价医疗器械质量的基本方法。不仅把质量管理体系作为产品能否进入市场的一个重要前提，而且对医疗器械的监管重点已从产品上市前审查逐步向产品全生命周期过程监管转移。

为了加强医疗器械生产监督管理，规范医疗器械生产质量管理体系，根据《医疗器械监督管理条例》《医疗器械生产监督管理办法》。国家食品药品监督管理总局于2014年12月29日颁布了《医疗器械生产质量管理规范》。为了更好地贯彻实施《医疗器械生产质量管理规范》，规范无菌、植入性、体外诊断试剂、定制式义齿、独立软件等医疗器械的生产质量管理工作，国家食品药品监督管理总局陆续颁布了《医疗器械生产质量管理规范附录无菌医疗器械》《医疗器械生产质量管理规范附录植入性医疗器械》《医疗器械生产质量管理规范附录体外诊断试剂》《医疗器械生产质量管理规范附录定制式义齿》《医疗器械生产质量管理规范附录独立软件》。

《医疗器械生产质量管理规范》及附录是医疗器械生产质量管理体系的基本准则，适用于医疗器械的设计开发、生产、销售和售后服务的全过程。

医疗器械注册人、备案人应当根据产品特点建立与产品相适应的质量管理体系并保持有效运行。《医疗器械生产质量管理规范》共十三章八十四条，分别是第一章总则；第二章机构与人员；第三章厂房与设施；第四章设备；第五章文件管理；第六章设计开发；第七章采购；第八章生产管理；第九章质量控制；第十章销售和售后服务；第十一章不合格品控制；第十二章不良事件监测、分析和改进；第十三章附则。《医疗器械生产质量管理规范》强调的是对产品实现全过程的风险管理。

## 二、《医疗器械生产质量管理规范》的主要内容

### （一）总则

目的：为保障医疗器械安全、有效，规范医疗器械生产质量管理。

依据：《医疗器械监督管理条例》《医疗器械生产监督管理办法》。

适用范围：医疗器械设计开发、生产、销售和售后服务等过程。

### （二）机构与人员

1. 组织管理机构：企业应建立与医疗器械生产相适应的管理机构，并有组织机构图，明确各部门的职责和权限，明确质量管理职能。

生产管理部门和质量管理部门负责人不得互相兼任。

2. 企业负责人：医疗器械产品质量的主要责任人，应当履行以下职责：组织制定企业的质量方针和质量目标；确保质量管理体系有效运行所需的人力资源、基础设施和工作环境等；组织实施管理评审，定期对质量管理体系运行情况进行评估，并持续改进；按照法律、法规和规章的要求组织生产。

3. 管理者代表：企业负责人应当确定一名管理者代表。管理者代表负责建立、实施并保持质量管理体系，报告质量管理体系的运行情况和改进需求，提高员工满足法规、规章和顾客要求的意识。

4. 人员要求：技术、生产和质量管理部门的负责人应当熟悉医疗器械相关法律法规，具有质量管理的实践经验，有能力对生产管理和质量管理中的实际问题作出正确的判断和处理。

企业应当配备与生产产品相适应的专业技术人员、管理人员和操作人员，具有相应的质量检验机构或者专职检验人员。

从事影响产品质量工作的人员，应当经过与其岗位要求相适应的培训，具有相关理论知识和实际操作技能。

从事影响产品质量工作的人员，企业应当对其健康进行管理，并建立健康档案。

（三）厂房与设施

1. 基本要求

厂房与设施应当符合生产要求，生产、行政和辅助区布局应当合理，不得互相妨碍。

厂房与设施应当根据所生产产品的特性、工艺流程及相应的洁净级别要求合理设计、布局和使用。生产环境应当整洁、符合产品质量需要及相关技术标准的要求。产品有特殊要求的，应当确保厂房的外部环境不能对产品质量产生影响，必要时应当进行验证。

厂房应当确保生产和贮存产品质量以及相关设备性能不会受到影响，厂房应当有适当的照明、温度、湿度和通风控制条件。

根据产品特性采取必要的措施，有效防止昆虫或者其他动物进入厂房与设施。对厂房与设施的维护和维修不得影响产品质量。

2. 生产区

生产区应当有足够的空间，并与其产品生产规模、品种相适应。

3. 仓储区

仓储区应当能够满足原材料、包装材料、中间品、产品等的贮存条件和要求，按照待验、合格、不合格、退货或者召回等情形进行分区存放，便于检查和监控。

4. 检验场所和设施

应当配备与产品生产规模、品种、检验要求相适应的检验场所和设施。

（四）设备

1. 生产设备：应当配备与所生产产品和规模相匹配的生产设备、工艺装备等，并确保有效运行。

生产设备的设计、选型、安装、维修和维护必须符合预定用途，便于操作、清洁和维护。生产设备应当有明显的状态标识，防止非预期使用。

应当建立生产设备使用、清洁、维护和维修的操作规程，并保存相应的操作记录。

2. 检验仪器设备：应当配备与产品检验要求相适应的检验仪器和设备，主要检验仪器和设备应当具有明确的操作规程。

应当建立检验仪器和设备的使用记录，记录内容包括使用、校准、维护和维修等情况。

3. 计量器具：应当配备适当的计量器具。计量器具的量程和精度应当满足使用要求，标明其校准有效期，并保存相应记录。

（五）文件管理

1. 质量体系文件：包括质量方针和质量目标、质量手册、程序文件、技术文件和记录，以及法规要求的其他文件。

质量手册应当对质量管理体系作出规定。程序文件应当根据产品生产和质量管理过程中需要建立的各种工作程序而制定，包含规范所规定的各项程序。技术文件应当包括产品技术要求及相关标准、生产工艺规程、作业指导书、检验和试验操作规程、安装和服务操作规程等相关文件。

2. 文件控制程序：应当建立文件控制程序，系统地设计、制定、审核、批准和发放质量管理体系文件，至少应当符合以下要求：

（1）文件的起草、修订、审核、批准、替换或者撤销、复制、保管和销毁等应当按照控制程序管理，并有相应的文件分发、替换或者撤销、复制和销毁记录。

（2）文件更新或者修订时，应当按规定评审和批准，能够识别文件的更改和修订状态。

（3）分发和使用的文件应当为适宜的文本，已撤销或者作废的文件应当进行标识，防止误用。

3. 文件保存期限：应当确定作废的技术文件等必要的质量管理体系文件的保存期限，以满足产品维修和产品质量责任追溯等需要。

4. 记录控制程序：应当建立记录控制程序，包括记录的标识、保管、检索、保存期限和处置要求等，并满足以下要求：① 记录应当保证产品生产、质量控制等活动的可追溯性。② 记录应当清晰、完整，易于识别和检索，防止破损和丢失。③ 记录不得随意涂改或者销毁，更改记录应当签注姓名和日期，并使原有信息仍清晰可辨，必要时，应当说明更改的理由。④ 记录的保存期限至少相当于医疗器械的寿命期，但不少于2年，或者符合相关法规要求，并可追溯。

（六）设计开发

1. 控制程序：应当建立设计控制程序并形成文件，对医疗器械的设计和开发过程实施策划和控制。

在进行设计和开发策划时，应当确定设计和开发的阶段及对各阶段的评审、验证、确认和设计转换等活动，应当识别和确定各个部门设计和开发的活动和接口，明确职责和分工。

2. 输入输出：设计和开发输入应当包括预期用途规定的功能、性能和安全要求、法规要求、风险管理控制措施和其他要求。对设计和开发输入应当进行评审并得到批准，保持相关记录。

设计和开发输出应当满足输入要求，包括采购、生产和服务所需的相关信息、产品技术要求等。设计和开发输出应当得到批准，保持相关记录。

3. 转换：应当在设计和开发过程中开展设计和开发到生产的转换活动，以使设计和开发的输出在成为最终产品规范前得以验证，确保设计和开发输出适用于生产。

4. 检验评审：应当在设计和开发的适宜阶段安排评审，保持评审结果及任何必要措施的记录。

企业应当对设计和开发进行验证，以确保设计和开发输出满足输入的要求，并保持验证结果和任何必要措施的记录。

企业应当对设计和开发进行确认，以确保产品满足规定的使用要求或者预期用途的要求，并保持确认结果和任何必要措施的记录。

确认可采用临床评价或者性能评价。进行临床试验时应当符合医疗器械临床试验法规的要求。

5. 设计变更：应当对设计和开发的更改进行识别并保持记录。必要时，应当对设计和开发更改进行评审、验证和确认，并在实施前得到批准。

当选用的材料、零件或者产品功能的改变可能影响到医疗器械产品安全性、有效性时，应当评价因改动可能带来的风险，必要时采取措施将风险降低到可接受水平，同时应当符合相关法规的要求。

（七）采购

1. 采购制度：应当建立采购控制程序，确保采购物品符合规定的要求，且不低于法律法规的相关规定和国家强制性标准的相关要求。

应当根据采购物品对产品的影响，确定对采购物品实行控制的方式和程度。

应当建立供应商审核制度，并应当对供应商进行审核评价。必要时，应当进行现场审核。

2. 采购过程：应当与主要原材料供应商签订质量协议，明确双方所承担的质量责任。

采购时应当明确采购信息，清晰表述采购要求，包括采购物品类别、验收准则、规格型号、规程、图样等内容；应当建立采购记录，包括采购合同、原材料清单、供应商资质证明文件、质量标准、检验报告及验收标准等。采购记录应当满足可追溯要求。

3. 检验：应当对采购物品进行检验或者验证，确保满足生产要求。

（八）生产管理

1. 生产过程管理：应当按照建立的质量管理体系进行生产，以保证产品符合强制性标准和经注册或者备案的产品技术要求。

应当编制生产工艺规程、作业指导书等，明确关键工序和特殊过程。

在生产过程中需要对原材料、中间品等进行清洁处理的，应当明确清洁方法和要求，并对清洁效果进行验证。

应当根据生产工艺特点对环境进行监测，并保存记录。

应当对生产的特殊过程进行确认，并保存记录，包括确认方案、确认方法、操作人员、结果评价、再确认等内容。

生产过程中采用的计算机软件对产品质量有影响的，应当进行验证或者确认。

2. 生产记录：每批（台）产品均应当有生产记录，并满足可追溯的要求。

生产记录包括产品名称、规格型号、原材料批号、生产批号或者产品编号、生产日期、数量、主要设备、工艺参数、操作人员等内容。

3. 产品标识：应当建立产品标识控制程序，用适宜的方法对产品进行标识，以便识别，防止混用和错用。

应当在生产过程中标识产品的检验状态，防止不合格中间产品流向下道工序。

4. 产品可追溯要求：应当建立产品的可追溯性程序，规定产品追溯范围、程度、标识和必要的记录。

5. 产品的说明书、标签：应当符合相关法律法规及标准要求。

6. 产品防护：应当建立产品防护程序，规定产品及其组成部分的防护要求，包括污染防护、静电防护、粉尘防护、腐蚀防护、运输防护等要求。防护应当包括标识、搬运、包装、贮存和保护等。

（九）质量控制

1. 质量控制程序：应当建立质量控制程序，规定产品检验部门、人员、操作等要求，并规定检验仪器和设备的使用、校准等要求，以及产品放行的程序。

2. 检验仪器设备管理使用。应当符合以下要求：

（1）定期对检验仪器和设备进行校准或者检定，并予以标识。

（2）规定检验仪器和设备在搬运、维护、贮存期间的防护要求，防止检验结果失准。

（3）发现检验仪器和设备不符合要求时，应当对以往检验结果进行评价，并保存验证记录。

（4）对用于检验的计算机软件，应当确认。

3. 检验依据及结果：应当根据强制性标准以及经注册或者备案的产品技术要求制定产品的检验规程，并出具相应的检验报告或者证书。

需要常规控制的进货检验、过程检验和成品检验项目原则上不得进行委托检验。

对于检验条件和设备要求较高，确需委托检验的项目，可委托具有资质的机构进行检验，以证明产品符合强制性标准和经注册或者备案的产品技术要求。

4. 检验记录：每批（台）产品均应当有检验记录，并满足可追溯的要求。检验记录应当包括进货检验、过程检验和成品检验的检验记录、检验报告或者证书等。

5. 产品的放行：应当规定产品放行程序、条件和放行批准要求。放行的产品应当附有合格证明。

6. 产品的留样：应当根据产品和工艺特点制定留样管理规定，按规定进行留样，并保持留样观察记录。

（十）销售和售后服务

1. 销售记录：应当建立产品销售记录，并满足可追溯的要求。销售记录至少包括医疗器械的名称、规格、型号、数量；生产批号、有效期、销售日期、购货单位名称、地址、联系方式等内容。

2. 销售方式：直接销售自产产品或者选择医疗器械经营企业，应当符合医疗器械相关法规和规范要求。发现医疗器械经营企业存在违法违规经营行为时，应当及时向当地食品药品监督管理部门报告。

3. 售后服务：应当具备与所生产产品相适应的售后服务能力，建立健全售后服务制度。应当规定售后服务的要求并建立售后服务记录，并满足可追溯的要求。

需要由企业安装的医疗器械，应当确定安装要求和安装验证的接收标准，建立安装和验收记录。

由使用单位或者其他企业进行安装、维修的，应当提供安装要求、标准和维修零部件、资料、密码等，并进行指导。

应当建立顾客反馈处理程序，对顾客反馈信息进行跟踪分析。

（十一）不合格品控制

1. 控制程序：应当建立不合格品控制程序，规定不合格品控制的部门和人员的职责与权限。

2. 不合格品控制：应当对不合格品进行标识、记录、隔离、评审，根据评审结果，对不合格品采取相应的处置措施。

产品销售后发现产品不合格时，企业应当及时采取相应措施，如召回、销毁等。

3. 不合格品处理：不合格品可以返工的，企业应当编制返工控制文件。返工控制文件包括作业指导书、重新检验和重新验证等内容。不能返工的，应当建立相关处置制度。

（十二）不良事件监测、分析和改进

1. 不良事件监测：应当指定相关部门负责接收、调查、评价和处理顾客投诉，并保持相关记录。

应当按照有关法规的要求建立医疗器械不良事件监测制度，开展不良事件监测和再评价工作，并保持相关记录。

2. 分析：应当建立数据分析程序，收集分析与产品质量、不良事件、顾客反馈和质量管理体系运行有关的数据，验证产品安全性和有效性，并保持相关记录。

3. 改进：应当建立纠正措施程序，确定产生问题的原因，采取有效措施，防止相关问题再次发生。

应当建立预防措施程序，确定潜在问题的原因，采取有效措施，防止问题发生。

对于存在安全隐患的医疗器械，企业应当按照有关法规要求采取召回等措施，并按规定向有关部门报告。

应当建立产品信息告知程序，及时将产品变动、使用等补充信息通知使用单位、相关企业或者消费者。

4. 体系审核：应当建立质量管理体系内部审核程序，规定审核的准则、范围、频次、参加人员、方法、记录要求、纠正预防措施有效性的评定等内容，以确保质量管理体系符合本规范的要求。

应当定期开展管理评审，对质量管理体系进行评价和审核，以确保其持续的适宜性、充分性和有效性。

**知识链接**

名词解释

验证：通过提供客观证据对规定要求已得到满足的认定。

确认：通过提供客观证据对特定的预期用途或者应用要求已得到满足的认定。

关键工序：指对产品质量起决定性作用的工序。

特殊过程：指通过检验和试验难以准确评定其质量的过程。

## 三、医疗器械生产质量管理规范检查

为加强医疗器械生产监督管理，指导监管部门对医疗器械生产企业实施《医疗器械生产质量管理规范》及其相关附录的现场检查和对检查结果的评估，根据《医疗器械生产质量管理规范》及其相关附录，原国家食品药品监督管理总局制定颁布了《医疗器械生产质量管理规范现场检查指导原则》《医疗器械生产质量管理规范无菌医疗器械现场检查指导原则》《医疗器械生产质量管理规范植入性医疗器械现场检查指导原则》《医疗器械生产质量管理规范体外诊断试剂现场检查指导原则》《医疗器械生产质量管理规范定制式义齿现场检查指导原则》《医疗器械生产质量管理规范独立软件现场检查指导原则》以下统称《现场检查指导原则》。

《现场检查指导原则》用于指导监管部门对医疗器械生产企业实施《医疗器械生产质量管理规范》及相关附录的现场检查和对检查结果的评估，适用于医疗器械注册现场核查、医疗器械生产许可（含延续或变更）现场检查，以及根据工作需要对医疗器械生产企业开展的各类监督检查。现场检查及检查结果评估见下表。

表 4-2 《医疗器械生产质量规范》现场检查结果

| 关键项目（标*项） | 一般项目（未标*项） | | 注册现场核查、生产许可（含变更）现场检查 | 各类监督检查 |
|---|---|---|---|---|
| 0 | 0 | | 通过检查 | 通过检查 |
| 0 | $x$ | 不对产品质量产生直接影响 | 整改后复查 | 限期整改 |
| 0 | $x$ | 对产品质量产生直接影响 | 未通过检查 | 停产整改 |
| ≥1 | 0 | | 未通过检查 | 停产整改 |
| ≥1 | $x$ | | 未通过检查 | 停产整改 |

《现场检查指导原则》内容结构与《医疗器械生产质量管理规范》相对应，其中章节与《医疗器械生产质量管理规范》里章节对应（去掉第一章、第十三章），条款内容是对《医疗器械生产质量管理规范》内容的细化，条款编号的编排方式为：A.B.C，其中A为章节的顺序号，如1.1.1的第一位1表示“机构与人员”章节，2.1.1的第一位2表示“厂房与设施”章节；B为同一章节内条款的顺序号，如1.1.1的第二位1表示“机构与人员”章节第一条要求，1.2.1的第二位2表示“机构与人员”章节第二条要求；C为同一条款内细化的检查指导的顺序号，如1.1.1的第三位1表示“机构与人员”章节对第一条要求细化的第一个检查要点，1.1.2的第三位2表示“机构与人员”章节对第一条要求细化的第二个检查要点。条款编号前加*的是关键项目，不加*的是一般项目。

**《医疗器械生产质量管理规范**
**现场检查指导原则》**

| 章节 | 条款 | 内容 |
|---|---|---|
| 机构和人员 | 1.1.1 | 应当建立与医疗器械生产相适应的管理机构，具备组织机构图<br>查看提供的质量手册，是否包括企业的组织机构图，是否明确各部门的相互关系 |
| | *1.1.2 | 应当明确各部门的职责和权限，明确质量管理职能<br>查看企业的质量手册，程序文件或相关文件，是否对各部门的职责权限作出规定；质量管理部门应当能独立行使职能，查看质量管理部门的文件，是否明确规定对产品质量的相关事宜负有决策的权利 |
| | 1.1.3 | 生产管理部门和质量管理部门负责人不得互相兼任<br>查看公司的任职文件或授权文件并对照相关生产、检验等履行职责的记录，核实是否与授权一致 |
| | 1.2.1 | 企业负责人应当是医疗器械产品质量的主要责任人 |
| | 1.2.2 | 企业负责人应当组织制定质量方针和质量目标<br>查看质量方针和质量目标的制定程序、批准人员 |
| | 1.2.3 | 企业负责人应当确保质量管理体系有效运行所需的人力资源，基础设施和工作环境 |
| | 1.2.4 | 企业负责人应当组织实施管理评审，定期对质量管理体系运行情况进行评估，并持续改进<br>查看管理评审文件和记录，核实企业负责人是否组织实施管理评审 |

图 4–4 《医疗器械生产质量管理规范现场检查指导原则》

# 目标测试

## 一、单项选择题

1. 从事第一类医疗器械生产，应向（　　）备案。

A. 县级市场监督管理部门　　B. 市级市场监督管理部门

C. 省级药品监督管理部门　　D. 省级市场监督管理部门

2.从事第二类医疗器械生产，应该向（　　）申请生产许可并提交资料。

A. 县级市场监督管理部门　　B. 市级市场监督管理部门

C. 省级药品监督管理部门　　D. 省级市场监督管理部门

3.《医疗器械生产许可证》的有效期为（　　）

A. 2年　　B. 3年

C. 4年　　D. 5年

4. 提供虚假资料或者采取其他欺骗手段取得《医疗器械生产许可证》的，依照《医疗器械监督管理条例》第（　　）条处罚。

A. 六十四　　B. 八十一

C. 八十三　　D. 八十五

5.《医疗器械生产许可证》有效期届满需要继续生产的，医疗器械生产企业应当在有效期届满（　　），向原发证机关申请延续。

A. 3个月前　　B. 前90—30个工作日

C. 前90个工作日　　D. 6个月前

6.《医疗器械生产许可证》增加生产产品的，生产企业应当（　　）

A. 告知原发证部门　　B. 办理登记事项变更

C. 申请生产许可变更　　D. 不用办理申请

7.《医疗器械生产质量管理规范》自（　　）起开始施行。

A. 2020年1月1日　　B. 2014年1月1日

C. 2015年3月1日　　D. 2011年2月1日

8. 质量管理体系的文件不包括（　　）

A. 质量方针和质量目标　　B. 质量手册

C. 程序文件和技术文件　　D. 产品说明书和维修手册

9. 通过提供客观证据对规定要求已得到满足的认定，称为（　　）

A. 验证　　B. 确认

C. 设计和开发输入　　D. 关键工序

10.（　　）是医疗器械产品质量的主要责任人。

A. 管理者代表　　B. 企业负责人

C. 全体员工　　D. 质量部门负责人

11.未经许可从事第二类、第三类医疗器械生产活动的，依照《医疗器械监督管理条例》第（　　）条规定处罚。

A. 六十三　　B. 六十四

C. 八十一　　D. 八十二

12.（　　）负责建立、实施并保持医疗器械质量管理体系，报告质量管理体系运行情况。

A. 管理者代表　　B. 企业负责人

C. 全体员工　　D. 质量部门负责人

13. 关于《医疗器械生产许可证》编号的编排方式错误的是（　　）

A.《许可证》编排方式为：X药监械生产许XXXXXXXX号

B. 第一位X代表许可部门所在地省、自治区、直辖市的简称

C. 第二到第五位X代表生产产品的分类编码

D. 第六到第九位X代表4位数许可流水号

**二、多项选择题**

1. 从事医疗器械生产，应当具备以下哪些条件？（　　）

A. 有与生产的医疗器械相适应的生产场地、环境条件、生产设备及专业技术人员

B. 有对生产的医疗器械进行质量检验的机构或者专职检验人员以及检验设备

C. 有保证医疗器械质量的管理制度

D. 有与生产的医疗器械相适应的售后服务能力

2.《医疗器械生产许可证》应当载明以下哪些事项？（　　）

A. 许可证编号　　B. 企业名称

C. 生产范围　　D. 生产地址

3.（　　）变更，应当向原发证部门申请医疗器械生产许可变更。

A. 企业名称　　B. 法定代表人

C. 生产范围增加　　D. 生产地址变更

4. 医疗器械注册人、备案人、受托生产企业应该保证出厂的医疗器械符合（　　）

A. 强制性标准

B. 推荐性标准

C. 经注册或者备案的产品技术要求

D. 企业自行决定要求

5. 生产企业有下列（　　）情形的，按照《医疗器械监督管理条例》第八十一条的规定处罚。

A. 未经许可从事第二类、第三类医疗器械生产活动的

B. 超出医疗器械生产许可证载明的生产范围生产第二类、第三类医疗器械

C. 在未经许可的生产场地生产第二类、第三类医疗器械

D. 医疗器械生产许可证有效期届满后，未依法办理延续手续，仍继续从事第二类、第三类医疗器械生产

E. 医疗器械生产企业增加生产产品品种，应当依法办理许可变更而未办理的

6.《医疗器械生产质量管理规范》的章节包括（　　）

A. 机构与人员

B. 生产管理

C. 质量控制

D. 不合格品控制

E. 采购

7. 已经发布的《医疗器械生产质量管理规范》附录包括（　　）

A. 无菌器械附录

B. 植入器械附录

C. 体外诊断试剂附录

D. 独立软件附录

8.《医疗器械生产质量管理规范现场检查指导原则》适用于（　　）

A. 医疗器械注册现场核查

B. 医疗器械生产许可现场检查

C. 对医疗器械企业开展的各类监督检查

D. 医疗器械经营企业现场检查

**三、简答题**

1. 从事医疗器械生产活动，应具备哪些条件？

2. 简述《医疗器械生产质量管理规范》制定的目的及适用范围。

## 四、案例分析

（无医疗器械生产许可证案）

某科技有限公司在未取得《医疗器械生产许可证》和隐形眼镜《医疗器械注册证》的情况下，擅自通过外贸公司从境外购进隐形眼镜干片，于国内购买玻璃瓶、瓶塞、铝塑盖、氯化钠、硼酸等物品，在生产条件极其简陋的情况下，生产隐形眼镜，自行印制标签，盗用批准进口产品注册证号，假冒国外名牌企业生产的隐形眼镜。现场检查发现大量标签、玻璃瓶、瓶塞、铝塑盖，当场查扣未贴标签的半成品和包装好准备销售的隐形眼镜2万余瓶，货值金额60余万元。该案应如何处理？

# 项目五　医疗器械经营管理

## 任务一　医疗器械经营备案许可

### »任务导入

**案例**

**未经许可经营第三类医疗器械案**

A公司未取得医疗器械经营许可证，2020年从B公司购进人工耳蜗植入体（第三类器械），将上述产品销售给D医院。经药监部门调查，A公司经营货值金额为16.3万元，违法所得为8.9万元。

问题思考：

1. 经营第三类医疗器械需要办理哪些手续？

3. 该案中A公司行为如何定性？如何处罚？

### »相关知识与技能

医疗器械是用于人体疾病诊断、治疗、预防、监护以及妊娠控制的特殊产品，其产品的安全性和有效性直接关系到医疗效果和使用者的生命安全。医疗器械经营企业为医疗机构提供临床所需的仪器、设备、器具、体外诊断试剂等医疗器械，也为普通的消费者提供体温计、纱布等家庭中常用的医疗器械产品。因此，医疗器械经营企业的经营行为是否规范，将影响到医疗器械的使用效果，也关系到使用者的生命安全。根据医疗器械分类管理的原则，我国对医疗器械经营企业实行备案制度和许可制度。

从事第二类医疗器械经营的，经营企业向所在地市级市场监督管理部门备案；从事第三类医疗器械经营的，经营企业应当向所在地市级市场监督管理部门申请经营许可。

为了加强医疗器械经营监督管理，规范医疗器械经营活动，保证医疗器械安全、有效，根据《医疗器械监督管理条例》，2022年3月10日国家市场监督管理总局发布《医疗器械经营监督管理办法》（以下简称《经营办法》）（国家市场监督管理总局令第54号），自2022年5月1日起施行。

**一、概述**

1. 医疗器械经营：以购销的方式提供医疗器械产品的行为，包括采购、验收、贮存、销售、运输、售后服务等。

医疗器械批发：将医疗器械销售给医疗器械生产企业、医疗器械经营企业、医疗器械使用单位或者其他有合理使用需求的单位的医疗器械经营行为。

医疗器械零售：将医疗器械直接销售给消费者个人使用的医疗器械经营行为。

2. 医疗器械经营监管制度的发展

（1）1992年颁布了《医疗器械生产经营企业管理办法》。

（2）2000年4月1日，国务院颁布《医疗器械监督管理条例》，与之配套的《医疗器械经营企业监督管理办法》于2000年4月20颁布。

（3）《中华人民共和国行政许可法》施行，2004年8月9日颁布了《医疗器械经营企业许可证管理办法》。

（4）国务院颁布2014年修订《医疗器械监督管理条例》，于2014年6月1日施行，配套的《医疗器械经营监督管理办法》也于2014年10月1日施行。

（5）2014年12月12日颁布《医疗器械经营质量管理规范》，2015年起先后颁布《医疗器械经营质量管理规范现场检查指导原则》《医疗器械经营企业分类分级监督管理规定》《医疗器械经营环节重点监管目录及现场检查重点内容》等配套法规。

（6）国务院颁布2021年修订《医疗器械监督管理条例》自2021年6月1日施行，配套的《医疗器械经营监督管理办法》自2022年5月1日起施行。

3. 注册人制度

医疗器械注册人、备案人可以自行销售，也可以委托医疗器械经营企业销售其注册、备案的医疗器械。

医疗器械注册人、备案人在其住所或者生产地址销售其注册、备案的医疗器械，无需办理医疗器械经营许可或者备案，但应当符合规定的经营条件；在其他场所贮存并销售医疗器械的，应当按照规定办理医疗器械经营许可或者备案。

## 二、从事医疗器械经营应该具备的条件

从事医疗器械经营应具备以下条件：① 与经营范围和经营规模相适应的质量管理机构或者质量管理人员，质量管理人员应当具有相关专业学历或者职称；② 与经营范围和经营规模相适应的经营场所；③ 与经营范围和经营规模相适应的贮存条件；④ 与经营的医疗器械相适应的质量管理制度；⑤ 与经营的医疗器械相适应的专业指导、技术培训和售后服务的质量管理机构或人员。

从事第三类医疗器械经营的企业还应当具有符合医疗器械经营质量管理制度要求的计算机信息管理系统，保证经营的产品可追溯。鼓励从事第一类、第二类医疗器械经营的企业建立符合医疗器械经营质量管理制度要求的计算机信息管理系统。

## 三、医疗器械经营备案

《医疗器械监督管理条例》第四十一条规定：“从事第二类医疗器械经营的，由经营企业向所在地设区的市级人民政府负责药品监督管理的部门备案并提交符合本条例第四十条规定条件的有关资料。”

按照药品监管部门的规定，对产品安全性、有效性不受流通过程影响的第二类医疗器械，可以免于经营备案。国家药监局于2021年6月28日发布《免于经营备案的第二类医疗器械产品目录》（2021年第86号公告），经营电子血压计、无菌医用脱脂棉、避孕套、电动轮椅等13类产品可以免于经营备案。

1. 经营备案需要提交的资料

（1）法定代表人（企业负责人）、质量负责人身份证明、学历或者职称相关材料复印件。

（2）企业组织机构与部门设置。

（3）医疗器械经营范围、经营方式。

（4）经营场所和库房的地理位置图、平面图、房屋产权文件或者租赁协议复印件。

（5）主要经营设施、设备目录。

（6）经营质量管理制度、工作程序等文件目录。

（7）经办人授权文件。

医疗器械经营备案人应当确保提交的资料合法、真实、准确、完整和可追溯。

同时申请第三类器械经营许可和进行第二类器械经营备案的，或者已经取得第三类器械经营许可进行第二类器械备案的，可以免予提交相应资料。

2. 经营备案过程

经营企业向市级市场部门提交符合规定的资料，即完成经营备案，获取经营备案编号，发给第二类医疗器械经营备案凭证，药监部门依法公开医疗器械经营备案信息，及时上传到国家药监局数据共享平台。

必要时，市级市场部门在备案之日起3个月内，对提交的资料以及执行医疗器械经营质量管理规范情况开展现场检查。

现场检查发现与提交的资料不一致或者不符合医疗器械经营质量管理规范要求的，责令限期改正；不能保证产品安全、有效的，取消备案并向社会公告。

3. 经营备案凭证

载明信息：备案编号、企业名称、统一社会信用代码、法定代表人、企业负责人、住所、经营方式、经营场所、库房地址、经营范围、备案部门、备案日期等事项。

《第二类医疗器械经营备案凭证》编号的编排方式为：XX药监械经

营备XXXXXXXX号。

其中：

第一位X代表备案部门所在地省、自治区、直辖市的简称。

第二位X代表所在地市级行政区域的简称。

第三到第六位X代表4位数备案年份。

第七到第十位X代表4位数备案流水号。

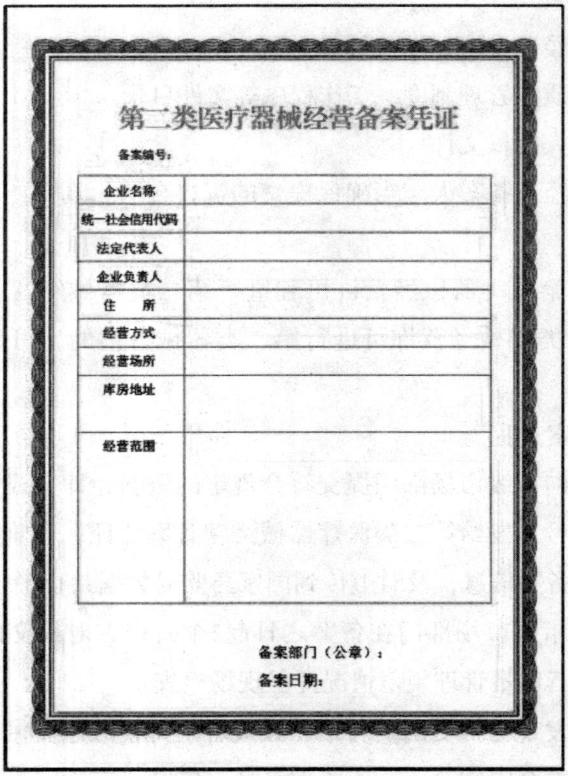

第二类医疗器械经营备案凭证

备案编号：

| | |
|---|---|
| 企业名称 | |
| 统一社会信用代码 | |
| 法定代表人 | |
| 企业负责人 | |
| 住　所 | |
| 经营方式 | |
| 经营场所 | |
| 库房地址 | |
| 经营范围 | |

备案部门（公章）：

备案日期：

图 5-1　第二类医疗器械经营备案凭证

4. 经营备案凭证的变更

第二类医疗器械经营企业的经营场所、经营方式、经营范围、库房地址等发生变化的，应当及时进行备案变更。必要时市级市场监管部门开展现场检查。现场检查不符合经营质量管理规范要求的，责令限期改正；不能保证产品安全、有效的，取消备案并向社会公告。

## 四、医疗器械经营许可

《医疗器械监督管理条例》第四十二条规定："从事第三类医疗器械经营的，经营企业应当向所在地设区的市级人民政府负责药品监督管理的部门申请经营许可并提交符合本条例第四十条规定条件的有关资料。"

1. 申请经营许可需要提交的资料

（1）法定代表人（企业负责人）、质量负责人身份证明、学历或者职称相关材料复印件。

（2）企业组织机构与部门设置。

（3）医疗器械经营范围、经营方式。

（4）经营场所和库房的地理位置图、平面图、房屋产权文件或者租赁协议复印件。

（5）主要经营设施、设备目录。

（6）经营质量管理制度、工作程序等文件目录。

（7）信息管理系统基本情况。

（8）经办人授权文件。

医疗器械经营许可申请人应当确保提交的资料合法、真实、准确、完整和可追溯。

2. 审核过程

（1）形式审查：对于申请人提出的申请，市场监管部门应作出如下处理：

申请事项属于本机关职权范围，申请资料齐全、符合法定形式的，应当受理申请；

申请资料存在可以当场更正的错误的，允许申请人当场更正；

申请资料不齐全或者不符合法定形式的，应当当场或者在5个工作日内一次告知需要补正的全部内容。逾期不告知的，自收到申请资料之日起即为受理；

申请事项不属于本机关职权范围的，应当即时作出不予受理的决定，并告知申请人向有关行政部门申请。

市级负市场部门受理或者不予受理经营许可申请的，应当出具加盖本机关专用印章和注明日期的受理或者不予受理通知书。

（2）审查：市级市场部门应当对申请资料进行审查，必要时按照经营质量管理规范的要求开展现场核查，并自受理之日起20个工作日内作出决定。需要整改的，整改时间不计人审核时限。

（3）发证：符合规定条件的，作出准予许可的书面决定，并于10个工作日内发给医疗器械经营许可证；不符合规定条件的，作出不予许可的书面决定，并说明理由。

3. 医疗器械经营许可证

《医疗器械经营许可证》有效期为5年。

载明信息：许可证编号、企业名称、统一社会信用代码、法定代表人、企业负责人、住所、经营场所、经营方式、经营范围、库房地址、发证部门、发证日期和有效期限等。

《医疗器械经营许可证》编号的编排方式为：XX药监械经营许XXXXXXXX号。

其中：

第一位X代表许可部门所在地省、自治区、直辖市的简称。

第二位X代表所在地市级行政区域的简称。

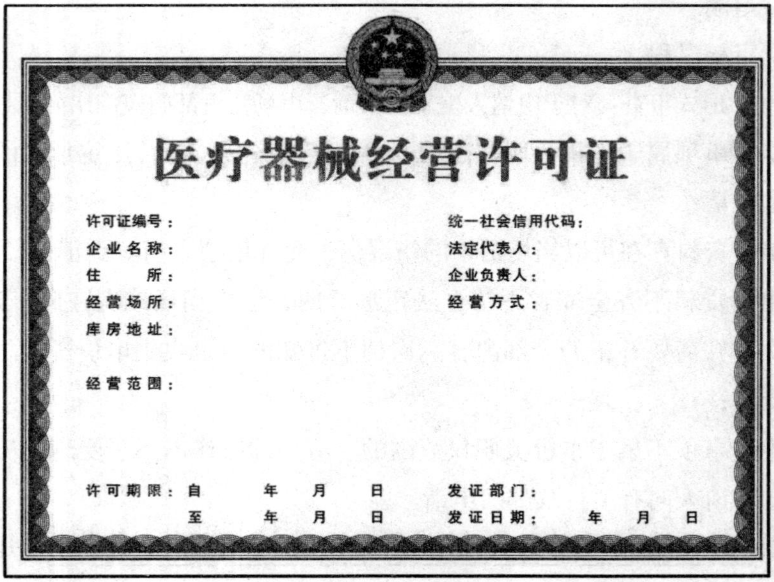

医疗器械经营许可证

许可证编号：　　统一社会信用代码：

企业名称：　　法定代表人：

住　　所：　　企业负责人：

经营场所：　　经营方式：

库房地址：

经营范围：

许可期限：自　　年　　月　　日　　发证部门：

至　　年　　月　　日　　发证日期：　　年　　月　　日

图 5-2　医疗器械经营许可证

第三到第六位X代表4位数许可年份。

第七到第十位X代表4位数许可流水号。

4.《医疗器械经营许可证》的变更

应当向原发证部门提出医疗器械经营许可证变更申请并提交涉及变更内容的材料。

经营场所、经营方式、经营范围、库房地址变更的，市场监管部门在20个工作日内作出准予变更或不予变更的决定。必要时按照经营质量管理规范的要求开展现场核查。需要整改的，整改时间不计入审核时限。不予变更的，应当书面说明理由并告知申请人。

其他事项变更的，市场监管部门应当当场予以变更。

变更后的医疗器械经营许可证编号和有效期限不变。

5.《医疗器械经营许可证》的延续

医疗器械经营许可证有效期届满需要延续的，经营企业应当在有效期届满前90~30个工作日期间提出延续申请。逾期未提出延续申请的，不再受理。

原发证部门应当按照规定对延续申请进行审查，必要时开展现场核查，在医疗器械经营许可证有效期届满前作出是否准予延续的决定。

经审查符合规定条件的，准予延续，延续后的医疗器械经营许可证编号不变。不符合规定条件的，责令限期整改；整改后仍不符合规定条件的，不予延续，并书面说明理由。逾期未作出决定的，视为准予延续。

**案例**

**《医疗器械经营许可证》未办理延续从事经营案**

2021年4月28日，药监部门对A公司进行了现场检查时发现：A公司《经营许可证》许可期限自2015年6月28日至2020年6月27日。经查证，2020年7月12日，当事人在《经营许可证》有效期满后未办理延续的情况下，仍继续从事第三类器械微导管（国械注进20153773125）销售，至案发，涉嫌违法金额7470元，违法所得

3693.8元。

问题思考：

1.《医疗器械经营许可证》有效期为几年？有效期届满需要办理什么手续？

2.本案如何处罚？

6. 补发

医疗器械经营许可证遗失的，向原发证部门申请补发。原发证部门应当及时补发医疗器械经营许可证，补发的医疗器械经营许可证编号和有效期限与原许可证一致。

7. 注销

有下列情形之一的，由原发证部门依法注销医疗器械经营许可证，并予以公告：① 主动申请注销的；② 有效期届满未延续的；③ 市场主体资格依法终止的；④ 医疗器械经营许可证依法被吊销或者撤销的；⑤ 法律、法规规定应当注销行政许可的其他情形。

**五、其他规定**

1. 经营企业跨设区的市设置库房的，由经营许可发证部门或者备案部门通报库房所在地市级市场监管部门。

2. 经营企业新设立独立经营场所的，应当单独申请经营许可或者进行备案。

3. 药监部门制作的医疗器械经营许可证的电子证书与纸质证书具有同等法律效力。

4. 任何单位和个人不得伪造、变造、买卖、出租、出借医疗器械经营许可证。

**六、医疗器械网络销售**

1. 从事医疗器械网络销售的企业：医疗器械注册人、备案人或者医疗器械经营企业。

2. 医疗器械网络交易服务第三方平台：在医疗器械网络交易中仅提供

网页空间、虚拟交易场所、交易规则、交易撮合、电子订单等交易服务，供交易双方或者多方开展交易活动，不直接参与医疗器械销售的企业。

3. 网络销售备案：从事医疗器械网络销售的经营者应当将网络销售网站名称、网站域名、网站IP地址等相关信息告知所在地市级市场监管部门。经营第一类医疗器械和免于经营备案的第二类医疗器械除外。

4. 第三方平台的责任：为医疗器械网络交易提供服务的电子商务平台经营者应当对入网医疗器械经营者进行实名登记，审查其经营许可、备案情况和所经营医疗器械产品注册、备案情况，并对其经营行为进行管理。

## 七、法律责任

医疗器械经营许可备案违法行为的处罚见下表。

**表 5-1　医疗器械经营许可备案违法行为的处罚**

| 条款 | 情形 | 处罚 |
| --- | --- | --- |
| 《医疗器械监督管理条例》第八十一条 | 未经许可从事第三类医疗器械经营活动 | 按照《医疗器械监督管理条例》第八十一条规定处罚 |
| 《医疗器械监督管理条例》第八十四条 | 经营第二类医疗器械，应当备案但未备案<br>已经备案的资料不符合要求 | 按照《医疗器械监督管理条例》第八十四条规定处罚 |
| 《医疗器械监督管理条例》第八十三条 | 在申请经营许可时提供虚假资料或采取欺骗手段的<br>伪造、变造、买卖、出租、出借许可证件的 | 按照《医疗器械监督管理条例》第八十三条规定处罚 |
| 《医疗器械监督管理条例》第八十五条 | 经营备案时提供虚假资料的 | 按照《医疗器械监督管理条例》第八十五条规定处罚 |
| 《经营办法》第六十六条 | 第三类医疗器械经营企业擅自变更经营场所、经营范围、经营方式、库房地址的<br>医疗器械经营许可证有效期届满后，未依法办理延续手续仍继续从事医疗器械经营活动 | 责令限期改正，并处1万~5万元罚款；情节严重的，处5万~10万元罚款；造成危害后果的，处10万~20万元罚款 |
| 《经营办法》第六十九条 | 第三类医疗器械经营企业未按照规定办理企业名称、法定代表人、企业负责人变更的 | 由药监部门责令限期改正；拒不改正的，处0.5万~3万元罚款 |

课堂练习

医疗器械经营企业查询：

国家药监局网站—政务公开—数据查询—医疗器械—医疗器械经营企业（许可、备案）查询。

医疗器械网络交易服务第三方平台查询：

国家药监局网站—政务公开—数据查询—医疗器械—医疗器械网络交易服务第三方平台查询。

# 任务二　医疗器械经营监督管理

## »任务导入

**案例**

**从无资质企业购进器械案**

A公司是合法的医疗器械经营企业，持有《经营备案凭证》，经营范围包括医用外科口罩，A公司于2016年1月从B公司购进三个品种医用外科口罩，B公司没有经营二类器械的资质，A公司于2016年2~4月销售总计2538.24元，违法所得为605元。

问题思考：

1. A公司有哪些违法行为？如何处罚？

2. B公司有哪些违法行为？如何处罚？

## »相关知识与技能

### 一、医疗器械经营企业分级管理

医疗器械经营企业众多，截至2021年6月，全国医疗器械经营企业达99.2万家，山东省医疗器械经营企业达9.54万家，不同企业经营产品风险不同，质量管理水平、诚信程度参差不齐。对不同企业采取相同的监管措施是不切合实际的，因此对不同的经营企业采取不同监管方式，国家药监局于2022年9月7日颁布了《国家药监局综合司关于加强医疗器械生产经营分级监管工作的指导意见》，对医疗器械生产经营企业采取分级监管的模式。

1. 落实经营分级监管职责

国家药品监督管理局负责指导和检查全国医疗器械经营分级监管工作，制定医疗器械经营重点监管品种目录。

省级药品监督管理部门负责指导和检查设区的市级市场监督管理的部门实施医疗器械经营分级监管工作。

设区的市级市场监督管理部门负责制定本行政区域医疗器械经营重点监管品种目录，组织实施医疗器械经营分级监管工作。

县级市场监督管理部门负责本行政区域内医疗器械经营分级监管具体工作。

2. 经营企业分级

对风险程度高的企业实施四级监管，主要包括为其他医疗器械注册人、备案人和生产经营企业专门提供贮存、运输服务的经营企业和风险会商确定的重点检查企业。

对风险程度较高的企业实施三级监管，主要包括本行政区域医疗器械经营重点监管品种目录产品涉及的批发企业，上年度存在行政处罚或者存在不良监管信用记录的经营企业。

对风险程度一般的企业实施二级监管，主要包括除三级、四级监管以外的经营第二、三类医疗器械的批发企业，本行政区域医疗器械经营重点监管品种目录产品涉及的零售企业。

对风险程度较低的企业实施一级监管，主要包括除二、三、四级监管以外的其他医疗器械经营企业。

涉及多个监管级别的，按最高级别对其进行监管。

3. 监管措施

实施四级监管的企业，设区的市级市场监督管理的部门每年组织全项目检查不少于一次。

实施三级监管的企业，设区的市级市场监督管理的部门每年组织检查不少于一次，其中每两年全项目检查不少于一次。

实施二级监管的企业，县级市场监督管理的部门每两年组织检查不少于一次，对角膜接触镜类和防护类产品零售企业可以根据监管需要确定检查频次。

实施一级监管的企业，县级市场监督管理的部门按照有关要求，每年随机抽取本行政区域25%以上的企业进行监督检查，4年内达到全覆盖。

## 二、医疗器械经营质量管理

1. 质量管理制度

医疗器械注册人、备案人委托销售的，应当委托符合条件的医疗器械经营企业，并签订委托协议，明确双方的权利和义务。

医疗器械经营企业应按照法律法规和经营质量管理规范的要求，建立覆盖采购、验收、贮存、销售、运输、售后服务等全过程的质量管理制度和质量控制措施，并做好相关记录，保证经营条件和经营活动持续符合要求。

经营企业应当建立并实施产品追溯制度，保证产品可追溯。

经营企业应当按照国家有关规定执行医疗器械唯一标识制度。

经营企业应当建立质量管理自查制度，按照经营质量管理规范要求进行自查，每年3月31日前向县级市场管理部门提交上一年度的自查报告。

不得经营未注册或备案、无合格证明文件以及过期、失效、淘汰的医疗器械。

禁止进口、销售过期、失效、淘汰等已使用过的医疗器械。

2. 医疗器械采购要求

经营企业应当从具有合法资质的注册人、备案人、经营企业购进医疗器械。

经营企业应当建立进货查验记录制度，购进医疗器械时应当查验供货企业的资质，以及医疗器械注册证和备案信息、合格证明文件。进货查验记录应当真实、准确、完整和可追溯。

进货查验记录包括：① 医疗器械的名称、型号、规格、数量；② 医疗器械注册证编号或者备案编号；③ 医疗器械注册人、备案人和受托生产企业名称、生产许可证号或者备案编号；④ 医疗器械的生产批号或者序列号、使用期限或者失效日期、购货日期等；⑤ 供货者的名称、地址以及联系方式。

进货查验记录应当保存至医疗器械有效期满后2年；没有有效期的，不得少于5年。植入类医疗器械进货查验记录应当永久保存。

3. 医疗器械销售要求

医疗器械注册人、备案人和经营企业应当加强对销售人员的培训和管理，对销售人员以企业名义从事的医疗器械购销行为承担法律责任。

从事第二、三类器械批发业务及第三类器械零售业务的经营企业应当建立销售记录制度。销售记录信息应当真实、准确、完整和可追溯。

销售记录包括：① 医疗器械的名称、型号、规格、注册证编号或者备案编号、数量、单价、金额；② 医疗器械的生产批号或者序列号、使用期限或者失效日期、销售日期；③ 医疗器械注册人、备案人和受托生产企业名称、生产许可证编号或者备案编号。

从事第二、三类器械批发业务的企业，销售记录还应当包括购货者的名称、地址、联系方式、相关许可证明文件编号或者备案编号等。

销售记录应当保存至医疗器械有效期满后2年；没有有效期的，不得少于5年。植入类医疗器械销售记录应当永久保存。

5. 贮存运输

经营企业应当采取有效措施，确保医疗器械运输、贮存符合说明书或标签标示要求，并做好相应记录。

对温度、湿度等环境条件有特殊要求的，应当采取相应措施，保证医疗器械的安全、有效。

委托其他单位运输、贮存的，应当对受托方运输、贮存医疗器械的质量保障能力进行评估，并与其签订委托协议，明确运输、贮存过程中的质量责任，确保运输、贮存过程中的质量安全。

为注册人、备案人和经营企业专门提供运输、贮存服务的，应当与委托方签订书面协议，明确双方权利义务和质量责任，并具有与产品运输、贮存条件和规模相适应的设备设施，具备与委托方开展实时电子数据交换和实现产品经营质量管理全过程可追溯的信息管理平台和技术手段。

6. 售后服务

经营企业应当提供售后服务。约定由供货者或者其他机构提供售后服务的，经营企业应当加强管理，保证医疗器械售后的安全使用。

经营企业应当配备专职或者兼职人员负责售后管理，对客户投诉的质量问题应当查明原因，采取有效措施及时处理和反馈，并做好相应记录，必要时及时通知医疗器械注册人、备案人、生产经营企业。

7. 其他规定

经营企业应当协助医疗器械注册人、备案人，对所经营的医疗器械开展不良事件监测，按照规定向医疗器械不良事件监测技术机构报告。

经营企业发现其经营的医疗器械不符合强制性标准、经注册或者备案的产品技术要求，或者存在其他缺陷的，应当立即停止经营，通知注册人、备案人，并记录停止经营和通知情况。注册人、备案人认为需要召回的，应当立即召回。

第三类医疗器械经营企业停业一年以上，恢复经营前，应当进行必要的验证和确认，并书面报告所在市级市场监管部门。可能影响质量安全的，市场监管部门可以根据需要组织核查。

注册人、备案人、经营企业经营条件发生重大变化，不再符合医疗器械经营质量管理体系要求的，应当立即采取整改措施；可能影响医疗器械安全、有效的，应当立即停止经营活动，并向原经营许可或者备案部门报告。

## 三、医疗器械经营的监督检查

省级药监部门组织对本行政区域的医疗器械经营监督管理工作进行监督检查。

市级、县级市场监管部门负责本行政区域医疗器械经营活动的监督检查。

药监部门根据医疗器械经营企业质量管理和所经营医疗器械产品的风险程度，实施分类分级管理并动态调整。

市级、县级市场监管部门应当制订年度检查计划，明确监管重点、检查频次和覆盖范围并组织实施。

药监部门组织监督检查，检查方式原则上应当采取突击性监督检查，现场检查时不得少于两人，并出示执法证件，如实记录现场检查情况。检查发现存在质量安全风险或者不符合规范要求的，将检查结果书面告知被检查企业。需要整改的，应当明确整改内容以及整改期限，并进行跟踪检查。

市级、县级市场监管部门应当对经营企业符合医疗器械经营质量管理规范要求的情况进行监督检查，督促其规范经营活动。

市级、县级市场监管部门应当结合医疗器械经营企业提交的年度自查报告反映的情况加强监督检查。

药监部门对有下列情形的企业进行重点监督检查：① 上一年度监督检查中发现存在严重问题的；② 因违反有关法律、法规受到行政处罚的；③ 风险会商确定的重点检查企业；④ 有不良信用记录的；⑤ 新开办或者经营条件发生重大变化的医疗器械批发企业和第三类医疗器械零售企业；⑥ 为其他注册人、备案人和生产经营企业专门提供贮存、运输服务的；其他需要重点监督检查的情形。

药监部门对不良事件监测、抽查检验、投诉举报等发现可能存在严重质量安全风险的，应当开展有因检查。有因检查原则上采取非预先告知的方式进行。

药监部门应当加强医疗器械经营环节的抽查检验，对抽查检验不合格的，应当及时处置。

省级以上药监部门应当根据抽查检验结论及时发布医疗器械质量公告。

药监部门应当根据监督检查、产品抽检、不良事件监测、投诉举报、行政处罚等情况，定期开展风险会商研判，做好医疗器械质量安全隐患排查和防控处置工作。

医疗器械注册人、备案人、经营企业对存在的医疗器械质量安全风险，未采取有效措施消除的，药监部门可以对注册人、备案人、经营企业的法定代表人或者企业负责人进行责任约谈。

药监部门在监督检查中，发现涉嫌违法行为的，应当及时收集和固定证据，依法立案查处；涉嫌犯罪的，及时移交公安机关处理。

药监部门及其工作人员对调查、检查中知悉的商业秘密应当保密。

药监部门及其工作人员在监督检查中，应当严格规范公正文明执法，严格执行廉政纪律，不得索取或者收受财物，不得谋取其他利益，不得妨碍企业的正常经营活动。

## 四、法律责任

医疗器械经营违法行为处罚见下表。

**表 5–2　医疗器械经营违法行为的处罚**

| 法律条款 | 情形 | 处罚 |
|---|---|---|
| 《医疗器械监督管理条例》第八十一条 | 经营未取得注册证的第二、三类器械 | 按照《医疗器械监督管理条例》第八十一条规定处罚 |
| 《医疗器械监督管理条例》第八十四条 | 经营未经备案的第一类器械 | 按照《医疗器械监督管理条例》第八十四条规定处罚 |
| 《医疗器械监督管理条例》第八十六条 | 经营不符合强制性标准或不符合产品技术要求<br>经营无合格证明、过期、失效、淘汰的器械 | 按照《医疗器械监督管理条例》第八十六条规定处罚 |
| 《医疗器械监督管理条例》第八十八条 | 经营说明书、标签不符合规定的器械<br>未按照说明书和标签要求运输、贮存器械 | 按照《医疗器械监督管理条例》第八十八条规定处罚 |
| 《医疗器械监督管理条例》第八十九条 | 未按要求提交质量管理体系自查报告<br>从不具备合法资质的供货者购进医疗器械<br>未建立并执行进货查验记录制度<br>从事第二、三类器械批发业务以及第三类器械零售业务的企业未建立并执行销售记录制度<br>未按规定开展医疗器械不良事件监测<br>从事网络销售未按照规定告知负责药品监督管理的部门 | 按照《医疗器械监督管理条例》第八十九条规定处罚 |
| 《经营办法》第六十六条 | 第三类医疗器械经营企业擅自变更经营场所、经营范围、经营方式、库房地址<br>经营许可证有效期届满后，未办理延续仍从事医疗器械经营活动 | 责令限期改正，并处 1 万 ~5 万元罚款；情节严重的，处 5 万 ~10 万元罚款；造成危害后果的，处 10 万 ~20 万元罚款 |

续表

| 法律条款 | 情形 | 处罚 |
|---|---|---|
| 《经营办法》第六十七条 | 违反医疗器械经营质量管理规范有关要求的 | 由药监部门责令限期改正<br>影响医疗器械产品安全、有效的，依照《医疗器械监督管理条例》第八十六条的规定处罚 |
| 《经营办法》第六十八条 | 经营企业未按照要求提交质量管理体系年度自查报告<br>违反规定为其他医疗器械生产经营企业提供贮存、运输服务的 | 由药监部门责令限期改正<br>拒不改正的，处1万~5万元罚款<br>情节严重的，处5万~10万元罚款 |
| 《经营办法》第六十九条 | 第三类医疗器械经营企业未按照规定办理企业名称、法定代表人、企业负责人变更的 | 由药监部门责令限期改正；拒不改正的，处0.5万~3万元罚款 |

# 任务三　医疗器械经营质量管理规范

## »任务导入

### 案例

**医疗器械经营企业飞行检查案例**

2019年11月，国家药监局派出的检查人员依据《医疗器械经营质量管理规范》对山东某医疗器械经营企业进行飞行检查，该公司有《医疗器械经营许可证》《医疗器械经营备案凭证》，经营范围为三类6815注射穿刺器械，6821医用电子仪器设备……二类6801基础外科手术器械，6823医用超声仪器及有关设备……经检查员检查发现缺陷项3项，其中关键项1项，一般项2项。

1.《医疗器械经营质量管理规范》第八条：该公司具备第三类医疗器械经营资质，查《内部审核控制程序》（文件编号：Q/WFJB−CXWJ8.2.2−2016）等质量管理文件，没有规定建立质量管理自查制度，于每年年底前向所在地设区的市级食品药品监督管理部门提交年度自查报告。

2.《医疗器械经营质量管理规范》第十条：现场询问公司质量管理人刘某，其不知道企业在采购前对供货者审核的有关要求。

3.《医疗器械经营质量管理规范》第十四条：公司没有按照《培训计划》的实施时间要求开展培训，如规定所有部门新员工进入公司前5天进行新工培训和质量培训，但不能提供相关的培训记录。

针对检查中发现的问题，国家药监局依据《医疗器械监督管理条例》（国务院令第680号）的有关规定依法责令该企业限期整改，并跟踪复查。

引导问题：

1《医疗器械经营质量管理规范》有哪些内容？

2. 在检查中发现经营企业不符合《医疗器械经营质量管理规范》要求

如何处罚？

》相关知识与技能

## 一、概述

为加强医疗器械经营质量管理，规范医疗器械经营管理行为，保证公众用械安全，原国家食品药品监督管理总局根据相关法规规章规定，制定了《医疗器械经营质量管理规范》，自2014年12月12日起施行。

为强化医疗器械经营质量监督管理，规范和指导医疗器械经营质量管理规范现场检查工作，根据《医疗器械经营质量管理规范》，原国家食品药品监督管理总局组织制定了《医疗器械经营质量管理规范现场检查指导原则》。

《医疗器械经营质量管理规范》是医疗器械经营质量管理的基本准则，适用于医疗器械的采购、收货、验收、入库、储存、检查、销售、出库、运输和售后服务整个过程。《医疗器械经营质量管理规范》共九章六十六条，分别是第一章总则；第二章职责与制度；第三章人员与培训；第四章设施与设备；第五章采购、收货与验收；第六章入库、贮存与检查；第七章销售、出库与运输；第八章售后服务；第九章附则。

## 二、《医疗器械经营质量管理规范》的内容

（一）总则

目的：为加强医疗器械经营质量管理，规范医疗器械经营管理行为，保证医疗器械安全、有效。

依据：《医疗器械监督管理条例》和《医疗器械经营监督管理办法》。

适用范围：本规范是医疗器械经营质量管理的基本要求，适用于所有从事医疗器械经营活动的经营者。医疗器械经营企业应当在医疗器械采购、验收、贮存、销售、运输、售后服务等环节采取有效的质量控制措施，保障经营过程中产品的质量安全。

风险管理及诚信原则：按照所经营医疗器械的风险类别实行风险管理，采取相应的质量管理措施。企业应当诚实守信，依法经营。禁止任何虚假、欺骗行为。

（二）职责与制度

1. 法定代表人或者负责人

医疗器械经营质量的主要责任人，全面负责企业日常管理，应当提供必要的条件，保证质量管理机构或者质量管理人员有效履行职责，确保企业按照规范要求经营医疗器械。

2. 质量负责人

负责医疗器械质量管理工作，应当独立履行职责，在企业内部对医疗器械质量管理具有裁决权，承担相应的质量管理责任。

3. 质量管理人员职责

（1）组织制定质量管理制度，指导、监督制度的执行，并对质量管理制度的执行情况进行检查、纠正和持续改进。

（2）负责收集与医疗器械经营相关的法律、法规等相关规定，实施动态管理。

（3）督促相关部门和岗位人员执行医疗器械的法规规章及本规范。

（4）负责对医疗器械供货者、产品、购货者资质的审核。

（5）负责不合格医疗器械的确认，对不合格医疗器械的处理过程实施监督。

（6）负责医疗器械质量投诉和质量事故的调查、处理及报告。

（7）组织验证、校准相关设施设备。

（8）组织医疗器械不良事件的收集与报告。

（9）负责医疗器械召回的管理。

（10）组织对受托运输的承运方运输条件和质量保障能力的审核。

（11）组织或者协助开展质量管理培训。

（12）其他应当由质量管理机构或者质量管理人员履行的职责。

4. 质量管理制度

（1）质量管理机构或者质量管理人员的职责。

（2）质量管理的规定。

（3）采购、收货、验收的规定（包括采购记录、验收记录、随货同行单等）。

（4）供货者资格审核的规定（包括供货者及产品合法性审核的相关证明文件等）。

（5）库房贮存、出入库管理的规定（包括温度记录、入库记录、定期检查记录、出库记录等）。

（6）销售和售后服务的规定（包括销售人员授权书、购货者档案、销售记录等）。

（7）不合格医疗器械管理的规定（包括销毁记录等）。

（8）医疗器械退、换货的规定。

（9）医疗器械不良事件监测和报告规定（包括停止经营和通知记录等）。

（10）医疗器械召回规定（包括医疗器械召回记录等）。

（11）设施设备维护及验证和校准的规定（包括设施设备相关记录和档案等）。

（12）卫生和人员健康状况的规定（包括员工健康档案等）。

（13）质量管理培训及考核的规定（包括培训记录等）。

（14）医疗器械质量投诉、事故调查和处理报告的规定（包括质量投诉、事故调查和处理报告相应的记录及档案等）。

从事第二类、第三类医疗器械批发业务和第三类医疗器械零售业务的企业还应当制定购货者资格审核、医疗器械追踪溯源、质量管理制度执行情况考核的规定。

医疗器械经营企业应当建立质量管理自查制度，于每年年底前向所在地设区的市级负责药品监督管理的部门提交年度自查报告。

5. 质量管理记录

企业应当建立并执行进货查验记录制度。

从事第二类、第三类医疗器械批发业务以及第三类医疗器械零售业务的经营企业应当建立销售记录制度。

进货查验记录和销售记录信息应当真实、准确、完整。从事医疗器械批发业务的企业，其购进、贮存、销售等记录应当符合可追溯要求。鼓励企业采用信息化等先进技术手段进行记录。

进货查验记录和销售记录应当保存至医疗器械有效期后2年；无有效期的，不得少于5年。植入类医疗器械进货查验记录和销售记录应当永久保存。

鼓励其他医疗器械经营企业建立销售记录制度。

（三）人员与培训

1. 法定代表人、质量管理人员：熟悉医疗器械监督管理的法律法规和所经营医疗器械的相关知识，并符合有关法律法规及本规范规定的资格要求，不得有相关法律法规禁止从业的情形。

2. 质量管理人员：企业应具有与经营范围和经营规模相适应的质量管理机构或者质量管理人员，质量管理人员应当具有国家认可的相关专业学历或者职称。

第三类医疗器械经营企业质量负责人应当具备医疗器械相关专业（医疗器械、生物医学工程、机械、电子、医学、生物工程、化学、药学、护理学、康复、检验学、管理等专业）大专以上学历或者中级以上专业技术职称，同时应当具有3年以上医疗器械经营质量管理工作经历。

3. 关键岗位人员：企业应配备与经营范围和经营规模相适应的，并符合相关资格要求的质量管理、经营等关键岗位人员。第三类医疗器械经营企业从事质量管理工作的人员应当在职在岗。

（1）体外诊断试剂经营人员：质量管理人员中，应当有1人为主管检验师，或具有检验学专业大学以上学历并从事检验相关工作3年以上工作经历。验收和售后服务人员，应当具有检验学专业中专以上学历或者具有检验师初级以上专业技术职称。

（2）植入和介入类器械经营人员：医学相关专业大专以上学历，并经过生产企业或者供应商培训的人员。

（3）角膜接触镜、助听器经营人员：具有相关专业或者职业资格的人员。

4. 售后服务：企业应当配备与经营范围和经营规模相适应的售后服务人员和售后服务条件，也可以约定由生产企业或者第三方提供售后服务支持。售后服务人员应当经过生产企业或者其他第三方的技术培训并取得企业售后服务上岗证。

5. 人员培训：企业应对质量负责人及各岗位人员进行与其职责和工作内容相关的岗前培训和继续培训，建立培训记录，并经考核合格后方可上岗。培训内容应当包括相关法律法规、医疗器械专业知识及技能、质量管理制度、职责及岗位操作规程等。

6. 健康检查：建立员工健康档案，质量管理、验收、库房管理等直接接触医疗器械岗位的人员，每年至少进行一次健康检查。身体条件不符合相应岗位特定要求的，不得从事相关工作。

（四）设施与设备

1. 基本要求：应当具有与经营范围和经营规模相适应的经营场所和库房，经营场所和库房的面积应当满足经营要求。经营场所和库房不得设在居民住宅内、军事管理区以及其他不适合经营的场所。经营场所应当整洁、卫生。

2. 库房：库房的选址、设计、布局、建造、改造和维护应当符合医疗器械贮存的要求，防止医疗器械的混淆、差错或者被污损，并具有符合医疗器械产品特性要求的贮存设施、设备。

符合下列情形的，可不单独设立医疗器械库房：① 单一门店零售企业的经营场所陈列条件能符合其所经营医疗器械产品性能要求、经营场所能满足其经营规模及品种陈列需要的；② 连锁零售经营医疗器械的；③ 全部委托为其他医疗器械生产经营企业提供贮存、配送服务的医疗器械经营企业进行存储的；④ 专营医疗器械软件或者医用磁共振、医用X射线、医用高能射线、医用核素设备等大型医用设备的；⑤ 省级食品药品监督管理部门规定的其他可以不单独设立医疗器械库房的情形。

在库房贮存医疗器械，应当按质量状态采取控制措施，实行分区管理，包括待验区、合格品区、不合格品区、发货区等，并有明显区分，如采用色标管理，设置待验区为黄色、合格品区和发货区为绿色、不合格品区为红色，退货产品应当单独存放。

医疗器械贮存区应与办公区和生活区分开一定距离或进行隔离。

库房的条件应当符合以下要求：① 库房内外环境整洁，无污染源；

② 库房内墙光洁，地面平整，房屋结构严密；③ 有防止室外装卸、搬运、接收、发运等作业受异常天气影响的措施；④ 库房有可靠的安全防护措施，能够对无关人员进入实行可控管理。

3. 设施设备

库房应当配备与经营范围和经营规模相适应的设施设备，包括：医疗器械与地面之间有效隔离的设备，包括货架、托盘等；避光、通风、防潮、防虫、防鼠等设施；符合安全用电要求的照明设备；包装物料的存放场所；有特殊要求的医疗器械应配备的相应设施设备。

库房温度、湿度应当符合所经营医疗器械说明书或者标签标示的要求。对有特殊温湿度贮存要求的医疗器械，应当配备有效调控及监测温湿度的设备或者仪器。

批发需要冷藏、冷冻贮存运输的医疗器械，应当配备以下设施设备：与其经营规模和经营品种相适应的冷库；用于冷库温度监测、显示、记录、调控、报警的设备；能确保制冷设备正常运转的设施（如备用发电机组或者双回路供电系统）；企业应当根据相应的运输规模和运输环境要求配备冷藏车、保温车，或者冷藏箱、保温箱等设备；对有特殊温度要求的医疗器械，应当配备符合其贮存要求的设施设备。

4. 零售经营

经营场所应当与其经营范围和经营规模相适应，并符合以下要求：配备陈列货架和柜台；相关证照悬挂在醒目位置；经营需要冷藏、冷冻的医疗器械，应当配备具有温度监测、显示的冷柜；经营可拆零医疗器械，应当配备医疗器械拆零销售所需的工具、包装用品，拆零的医疗器械标签和说明书应当符合有关规定。

医疗器械陈列应当符合以下要求：按分类以及贮存要求分区陈列，并设置醒目标志，类别标签字迹清晰、放置准确；医疗器械的摆放应当整齐有序，避免阳光直射；需要冷藏、冷冻的医疗器械放置在冷藏、冷冻设备中，应当对温度进行监测和记录；医疗器械与非医疗器械应当分开陈列，有明显隔离，并有醒目标示。

零售企业应当定期对零售陈列、存放的医疗器械进行检查，重点检查拆零医疗器械和近效期医疗器械。发现有质量疑问的医疗器械应当及时撤柜、停止销售，由质量管理人员确认和处理，并保留相关记录。

5. 设备设施的检查维护

企业应当对基础设施及相关设备进行定期检查、清洁和维护，并建立记录和档案。

企业应当按照国家有关规定，对温湿度监测设备等计量器具定期进行校准或者检定，并保存校准或者检定记录。

企业应当对冷库以及冷藏、保温等运输设施设备进行使用前验证、定期验证，并形成验证控制文件，包括验证方案、报告、评价和预防措施等，相关设施设备停用重新使用时应当进行验证。

6. 计算机信息管理系统：经营第三类医疗器械的企业，应有符合医疗器械经营质量管理要求的计算机信息管理系统，保证经营的产品可追溯。计算机信息管理系统应当具有以下功能：① 具有实现部门之间、岗位之间信息传输和数据共享的功能；② 具有医疗器械经营业务票据生成、打印和管理功能；③ 具有记录医疗器械产品信息（名称、注册证号或者备案凭证编号、规格型号、生产批号或者序列号、生产日期或者失效日期）和生产企业信息以及实现质量追溯跟踪的功能；④ 具有包括采购、收货、验收、贮存、检查、销售、出库、复核等各经营环节的质量控制功能，能对各经营环节进行判断、控制，确保各项质量控制功能的实时和有效；⑤ 具有供货者、购货者以及购销医疗器械的合法性、有效性审核控制功能；⑥ 具有对库存医疗器械的有效期进行自动跟踪和控制功能，有近效期预警及超过有效期自动锁定等功能，防止过期医疗器械销售。

鼓励经营第一类、第二类医疗器械的企业建立符合医疗器械经营质量管理要求的计算机信息管理系统。

（五）采购、收货与验收

1. 采购

采购前应当审核供货者的合法资格、所购入医疗器械的合法性并获取加盖供货者公章的相关证明文件或者复印件，包括：营业执照；医疗器械生产或者经营的许可证或者备案凭证；医疗器械注册证或者备案凭证；销售人员身份证复印件，加盖本企业公章的授权书原件。授权书应当载明授权销售的品种、地域、期限，注明销售人员的身份证号码。

必要时，可以派员对供货者进行现场核查，对供货者质量管理情况进行评价。

企业发现供货方存在违法违规经营行为时，应当及时向企业所在地食品药品监督管理部门报告。

企业应当与供货者签署采购合同或者协议，明确医疗器械的名称、规格（型号）、注册证号或者备案凭证编号、生产企业、供货者、数量、单价、金额等。

企业应当在采购合同或者协议中，与供货者约定质量责任和售后服务责任，以保证医疗器械售后的安全使用。

采购医疗器械时，应当建立采购记录。记录应当列明医疗器械的名称、规格（型号）、注册证号或者备案凭证编号、单位、数量、单价、金额、供货者、购货日期等。

2. 收货

收货人员在接收医疗器械时，应当核实运输方式及产品是否符合要求，并对照相关采购记录和随货同行单与到货的医疗器械进行核对。交货和收货双方应当对交运情况当场签字确认。对不符合要求的货品应当立即报告质量负责人并拒收。

随货同行单应当包括供货者、生产企业及生产企业许可证号（或者备案凭证编号）、医疗器械的名称、规格（型号）、注册证号或者备案凭证编号、生产批号或者序列号、数量、储运条件、收货单位、收货地址、发货日期等内容，并加盖供货者出库印章。

对符合收货要求的医疗器械，应当按品种特性要求放于相应待验区域，或者设置状态标示，并通知验收人员进行验收。需要冷藏、冷冻的医疗器械应当在冷库内待验。

3. 验收

验收人员应当对医疗器械的外观、包装、标签以及合格证明文件等进行检查、核对，并做好验收记录，验收记录内容包括医疗器械的名称、规格（型号）、注册证号或者备案凭证编号、生产批号或者序列号、生产日期和有效期（或者失效期）、生产企业、供货者、到货数量、到货日期、验收合格数量、验收结果等内容。

验收记录上应当标记验收人员姓名和验收日期。验收不合格的还应当注明不合格事项及处置措施。

对需要冷藏、冷冻的医疗器械进行验收时，应当对其运输方式及运输过程的温度记录、运输时间、到货温度等质量控制状况进行重点检查并记录，不符合温度要求的应当拒收。

委托为其他生产经营企业提供贮存、配送服务的医疗器械经营企业进行收货和验收时，委托方应当承担质量管理责任。委托方应当与受托方签订具有法律效力的书面协议，明确双方的法律责任和义务，并按照协议承担和履行相应的质量责任和义务。

（六）入库、贮存与检查

1. 入库

应当建立入库记录，验收合格的医疗器械应当及时入库登记；验收不合格的，应当注明不合格事项，并放置在不合格品区，按照有关规定采取退货、销毁等处置措施。

2. 储存

根据医疗器械的质量特性进行合理贮存，并符合以下要求：① 按说明书或者包装标示的贮存要求贮存医疗器械；② 贮存医疗器械应当按照要求采取避光、通风、防潮、防虫、防鼠、防火等措施；③ 搬运和堆垛医疗器械应当按照包装标示要求规范操作，堆垛高度符合包装图示要求，避免损坏医疗器械包装；④ 按照医疗器械的贮存要求分库（区）、分类存放，医疗器械与非医疗器械应当分开存放；⑤ 医疗器械应当按规格、批号分开存放，医疗器械与库房地面、内墙、顶、灯、温度调控设备及管道等设施间保留有足够空隙；⑥ 贮存医疗器械的货架、托盘等设施设备应当保持清洁，无破损；⑦ 非作业区工作人员未经批准不得进入贮存作业区，贮存作业区内的工作人员不得有影响医疗器械质量的行为；⑧ 医疗器械贮存作业区内不得存放与贮存管理无关的物品。

为其他企业提供贮存、配送服务的医疗器械经营企业，其自营医疗器械应当与受托的医疗器械分开存放。

3. 检查

根据库房条件、外部环境、医疗器械有效期要求等对医疗器械进行定期检查，建立检查记录。内容包括：① 检查并改善贮存与作业流程；② 检查并改善贮存条件、防护措施、卫生环境；③ 每天上、下午不少于2次对库房温湿度进行监测记录；④ 对库存医疗器械的外观、包装、有效期等质量状况进行检查；⑤ 对冷库温度自动报警装置进行检查、保养。

对库存医疗器械有效期进行跟踪和控制，采取近效期预警，超过有效期的医疗器械，应当禁止销售，放置在不合格品区，然后按规定进行销毁，并保存相关记录。

对库存医疗器械定期进行盘点，做到账、货相符。

（七）销售、出库与运输

1. 销售人员

企业对其办事机构或者销售人员以本企业名义从事的医疗器械购销行为承担法律责任。企业销售人员销售医疗器械，应当提供加盖本企业公章的授权书。授权书应当载明授权销售的品种、地域、期限，注明销售人员的身份证号码。

2. 购货者资格审查

从事批发业务的企业，应当将医疗器械批发销售给合法的购货者，销售前应当对购货者的证明文件、经营范围进行核实，建立购货者档案，保证医疗器械销售流向真实、合法。

3. 销售记录

从事第二、第三类医疗器械批发以及第三类医疗器械零售业务的企业应当建立销售记录，销售记录应当至少包括：① 医疗器械的名称、规格（型号）、注册证号或者备案凭证编号、数量、单价、金额；② 医疗器械的生产批号或者序列号、有效期、销售日期；③ 生产企业和生产企业许可证号（或者备案凭证编号）。

对于从事医疗器械批发业务的企业，销售记录还应当包括购货者的名称、经营许可证号（或者备案凭证编号）、经营地址、联系方式。

4. 销售凭据

从事医疗器械零售业务的企业，应当给消费者开具销售凭据，记录医疗器械的名称、规格（型号）、生产企业名称、数量、单价、金额、零售单位、经营地址、电话、销售日期等，以方便进行质量追溯。

5. 出库

医疗器械出库时，库房保管人员应当对照出库的医疗器械进行核对，发现以下情况不得出库，并报告质量管理机构或者质量管理人员处理：医疗器械包装出现破损、污染、封口不牢、封条损坏等问题；标签脱落、字迹模糊不清或者标示内容与实物不符；医疗器械超过有效期；存在其他异常情况的医疗器械。

医疗器械出库应当复核并建立记录，复核内容包括购货者、医疗器械的名称、规格（型号）、注册证号或者备案凭证编号、生产批号或者序列号、生产日期和有效期（或者失效期）、生产企业、数量、出库日期等内容。

6. 运输

医疗器械拼箱发货的代用包装箱应当有醒目的发货内容标示。

需要冷藏、冷冻运输的医疗器械装箱、装车作业时，应当由专人负责，并符合以下要求：① 车载冷藏箱或者保温箱在使用前应当达到相应的温度要求；② 应当在冷藏环境下完成装箱、封箱工作；③ 装车前应当检查冷藏车辆的启动、运行状态，达到规定温度后方可装车。

企业委托其他机构运输医疗器械，应当对承运方运输医疗器械的质量保障能力进行考核评估，明确运输过程中的质量责任，确保运输过程中的质量安全。

运输需要冷藏、冷冻医疗器械的冷藏车、车载冷藏箱、保温箱应当符合医疗器械运输过程中对温度控制的要求。冷藏车具有显示温度、自动调控温度、报警、存储和读取温度监测数据的功能。

（八）售后服务

1. 售后服务能力

企业应当具备与经营的医疗器械相适应的专业指导、技术培训和售后服务的能力，或者约定由相关机构提供技术支持。

企业应当按照采购合同与供货者约定质量责任和售后服务责任，保证医疗器械售后的安全使用。与供货者约定，由供货者负责产品安装、维修、技术培训服务或者由约定的相关机构提供技术支持的，可以不设从事专业指导、技术培训和售后服务的部门或者人员，但应当有相应的管理人员。

企业为客户提供安装、维修、技术培训的，应当配备具有专业资格或者经过厂家培训的人员。

2. 退货管理

加强对退货的管理，保证退货环节医疗器械的质量和安全，防止混入假劣医疗器械。

3. 售后服务制度

按照质量管理制度的要求，制定售后服务管理操作规程，内容包括投诉渠道及方式、档案记录、调查与评估、处理措施、反馈和事后跟踪等。

企业应当配备专职或者兼职人员负责售后管理，对客户投诉的质量安全问题应当查明原因，采取有效措施及时处理和反馈，并做好相应的记录，必要时应当通知供货者及医疗器械生产企业。

企业应当及时将售后服务处理结果等信息记入档案，以便查询和跟踪。

从事零售业务的企业应在营业场所公布食品药品监督管理部门的监督电话，设置顾客意见簿，及时处理顾客对医疗器械质量安全的投诉。

4. 不良事件处理

配备专职或者兼职人员，按照规定承担医疗器械不良事件监测和报告工作，对医疗器械不良事件监测机构、食品药品监督管理部门开展的不良事件调查予以配合。

发现其经营的医疗器械有严重质量安全问题，或者不符合强制性标准、经注册或者备案的医疗器械产品技术要求，应当立即停止经营，通知相关生产经营企业、使用单位、购货者，并记录停止经营和通知情况。同时，立即向企业所在地食品药品监督管理部门报告。

企业应当协助医疗器械生产企业履行召回义务，按照召回计划的要求及时传达、反馈医疗器械召回信息，控制和收回存在质量安全隐患的医疗器械，并建立医疗器械召回记录。

## 三、《医疗器械经营质量管理规范》检查

1. 检查种类

第三类医疗器械经营企业经营许可（含变更延续）的现场核查。

第二类医疗器械经营企业经营备案后的现场核查。

医疗器械经营企业的各类监督检查。

2. 检查项目确认

经营企业可根据其经营方式、经营范围、经营品种特点，确定合理缺项项目，并书面说明理由，由检查组予以确认。

3. 检查结果

（1）第三类器械经营许可（含变更和延续）的现场核查

通过检查：适用项目全部符合要求。

未通过检查：关键项目不符合要求或一般项目中不符合要求项目数>10%。

限期整改：关键项目符合要求，一般项目中不符合要求项目数≤10%。

结论为限期整改的，企业应在30天内完成整改并向原审查部门提交整改报告。经复查后，整改项目全部符合要求的，药监部门作出准予许可的决定；在30天内未提交整改报告或复查仍存在不符合要求项目的，药监部门作出不予许可的决定。

（2）对经营企业的各类监督检查和二类器械经营备案后的现场核查

通过检查：适用项目全部符合要求。

限期整改：有项目不符合要求。

# 任务四　医疗器械广告管理

## »任务导入

**案例**

**未经审批擅自刊发医疗器械广告案**

××市场监督管理局在其网站上公布了2020年8月违规医疗器械广告情况：某企业于2020年6月26日及6月30日在××电视台发布了第×代高血脂激光治疗仪广告，属于未经审批擅自刊发。

问题思考：

1. 发布医疗器械广告需要审批吗？如何办理医疗器械广告申请？

2. 该案应如何处罚？

## »相关知识与技能

### 一、概述

1. 医疗器械广告监管法规

广告作为信息传播的方式，在提高企业及其产品的知名度、美誉度，向消费者和客户传递商品和服务的信息，促进产品销售方面发挥着越来越重要的作用。医疗器械作为特殊产品，关系到人民身体健康和生命安全，真实、合法、科学的广告宣传可以引导客户和消费者正确购买使用医疗器械，但虚假医疗器械广告轻则延误疾病的治疗、浪费医疗卫生资源，重则危害社会公众的身体健康和生命安全，导致严重后果。因此国家有关部门制定了一系列法律法规对医疗器械广告进行监督管理，这些法律法规包括：《中华人民共和国广告法》、《医疗器械监督管理条例》、《药品、医疗器械、保健食品、特殊医学用途配方食品广告审查管理暂行办法》（以下简称《广告管理办法》）（国家市场监督管理总局令第21号）。

2. 基本概念

广告主：为推销商品或者服务，自行或者委托他人设计、制作、发布广告的自然人、法人或者其他组织。

广告经营者：接受委托提供广告设计、制作、代理服务的自然人、法人或者其他组织。

广告发布者：为广告主或者广告主委托的广告经营者发布广告的自然人、法人或者其他组织。

广告代言人：广告主以外的，在广告中以自己的名义或者形象对商品、服务做推荐、证明的自然人、法人或者其他组织。

3. 基本要求

《医疗器械监督管理条例》第六十条："医疗器械广告的内容应当真实合法，以经负责药品监督管理的部门注册或者备案的说明书为准，不得含有虚假、夸大、误导性的内容。

发布医疗器械广告，应当在发布前由省、自治区、直辖市人民政府确定的广告审查机关对广告内容进行审查，并取得医疗器械广告批准文号；未经审查，不得发布。

省级以上人民政府药品监管部门责令暂停生产、进口、经营和使用的医疗器械，在暂停期间不得发布涉及该医疗器械的广告。"

4. 广告主体责任

《广告法》第五十六条规定："违反本法规定，发布虚假广告，欺骗、误导消费者，使购买商品或接受服务的消费者的合法权益受到损害的，由广告主依法承担民事责任。广告经营者、广告发布者不能提供广告主的真实名称、地址和有效联系方式的，消费者可以要求广告经营者、广告发布者先行赔偿。"

《药品、医疗器械、保健食品、特殊医学用途配方食品广告审查管理暂行办法》第三条规定："广告主应当对药品、医疗器械、保健食品和特殊医学用途配方食品广告内容的真实性和合法性负责。"

5. 医疗器械广告管理机关

国家市场监管总局负责组织指导医疗器械广告审查工作。

省级市场监督管理局负责指导医疗器械广告审查工作，组织监测各类媒介广告发布情况，组织指导查处虚假广告等违法行为。

省级药品监督管理局负责医疗器械广告审查，可以委托其他行政机关实施广告审查。

## 二、医疗器械广告审批

1. 广告申请人

医疗器械注册人、备案人及其授权同意的生产、经营企业为广告申请人；

申请人可以委托代理人办理广告审查申请。

2. 审查机关及审查内容

申请广告批准文号，应向注册人、备案人或进口代理人所在地的省级药监管局提出。

医疗器械广告中只宣传产品名称的，不再对其内容进行审查。

3. 审批程序

（1）申请：填写《医疗器械广告审查表》，并附样稿，同时提交以下材料：申请人的主体资格相关材料，或者合法有效的登记文件；产品注册证或者备案凭证、产品标签和说明书，以及生产许可文件；广告中涉及的知识产权相关有效证明材料。

经授权的生产、经营企业，还应当提交合法的授权文件，委托代理人进行申请的，提交委托书和代理人的主体资格相关材料。

申请人可以到广告审查机关受理窗口提出申请，也可以通过信函、传真、电子邮件或者电子政务平台提交广告申请。

（2）形式审查

广告审查机关应在5个工作日内作出受理或不予受理决定。

申请材料齐全的，应当予以受理，出具《广告审查受理通知书》。

申请材料不齐全的，应当一次性告知申请人需要补正的全部内容。

（3）审查

广告审查机关在10个工作日内，依法对广告内容进行审查。

经审查符合规定的发给医疗器械广告批准文号。

经审查不符合规定的不予核发，书面通知申请人，告知申请人有申请行政复议或提起行政诉讼的权利。

4. 医疗器械广告批准文号

有效期：与注册证、生产许可证（二、三类产品）最短的有效期一致。备案凭证（一类产品）无有效期，广告批准文号有效期为2年。

批准文号举例：鲁医械广审（文）第2016010006号，其中：

鲁：为医疗器械广告审查机关所在地省、自治区、直辖市的简称（山东省）。

文：代表用于广告媒介形式的分类代号（文：文字广告；视：视频广告；声：音频广告）。

201601：代表审查的年月。

0006：代表广告批准的序号。

5. 医疗器械广告发布

广告主、广告经营者、广告发布者应当严格按照审查通过的内容发布广告，不得进行剪辑、拼接、修改。

发布医疗器械广告时应当显著标明广告批准文号。

已经审查通过的广告内容需要改动的，应当重新申请广告审查。

6. 医疗器械广告注销

申请人有下列情形的，应申请注销广告批准文号，不得继续发布审查批准的广告：① 主体资格证照被吊销、撤销、注销的；② 产品注册证明文件、备案凭证或者生产许可文件被撤销、注销的；③ 法律、行政法规规定应当注销的其他情形。

## 三、医疗器械广告发布标准

1. 基本要求

遵守《中华人民共和国广告法》《医疗器械监督管理条例》有关规定。

医疗器械广告的内容：以药监部门批准的注册证、备案凭证、产品说明书内容为准。

医疗器械广告涉及医疗器械名称、适用范围、作用机理或者结构及组成等内容的，不得超出注册证、备案凭证或产品说明书范围。

推荐给个人自用的医疗器械的广告，应当标明“请仔细阅读产品说明书或者在医务人员的指导下购买和使用”。

医疗器械产品注册证中有禁忌内容、注意事项的，应当标明“禁忌内容或者注意事项详见说明书”。

2. 内容限制：医疗器械广告不得违反《中华人民共和国广告法》规定，不得包含下列情形：

（1）使用国家机关、军队的名义从事广告宣传。

（2）使用科研单位、学术机构、行业协会或专家、学者、医师、药师、临床营养师、患者的名义作推荐、证明。

（3）违反科学规律，明示或暗示可以治疗所有疾病等内容。

（4）引起公众对所处健康状况产生不必要的担忧和恐惧的内容。

（5）含有“安全”“安全无毒副作用”“毒副作用小”等内容。

（6）含有“热销、抢购、试用”“家庭必备、免费治疗、免费赠送”等诱导性内容，“评比、排序、推荐、指定、选用、获奖、无效退款、保险公司保险”等内容。

（7）含有医疗机构的名称、地址、联系方式、诊疗项目的内容。

3. 以下情形不得发布医疗器械广告

（1）戒毒治疗的医疗器械。

（2）依法停止或者禁止生产、销售或者使用的医疗器械。

（3）法律、行政法规禁止发布广告的情形。

## 四、法律责任

医疗器械广告相关违法行为的处罚见下表。

**表 5–3　医疗器械广告违法行为的处罚**

| 法律条款 | 情形 | 处罚 |
| --- | --- | --- |
| 《医疗器械监督管理条例》第九十七条 | 违反本条例有关医疗器械广告管理规定的 | 按照《广告法》的相关规定处罚 |
| 《广告管理办法》第二十五条 | 未显著、清晰表示广告中应当显著标明内容的 | 按照《广告法》第五十九条规定处罚 |

续表

| 法律条款 | 情形 | 处罚 |
| --- | --- | --- |
| 《广告管理办法》第二十六条 | 未经审查发布医疗器械广告<br>广告批准文号已超过有效期，仍继续发布医疗器械广告<br>未按照审查通过的内容发布医疗器械广告 | 按照《广告法》第五十八条规定处罚 |
| 《广告管理办法》第二十七条 | 使用科研单位、学术机构、行业协会或者专家、学者、医师、药师、临床营养师、患者等的名义推荐、证明<br>违反科学规律，明示可以治疗所有疾病、适应所有症状等内容<br>引起公众对所处健康状况和所患疾病产生不必要的担忧的内容<br>含有“安全”“安全无毒副作用”“毒副作用小”等内容 | 按照《广告法》第五十八条的规定处罚；构成虚假广告的，按照《广告法》第五十五条的规定处罚 |
| 《广告管理办法》第二十八条 | 含有“热销、抢购、试用”“家庭必备、免费治疗、免费赠送”等诱导性内容，“评比、排序、推荐、指定、选用、获奖”等综合性评价内容，“无效退款、保险公司保险”等保证性内容<br>含有医疗机构的名称、地址、联系方式、诊疗项目、诊疗方法等医疗服务的内容<br>法律、行政法规规定不得含有的其他内容 | 《广告法》有规定的，按照相关规定处罚，没有规定的，由县级以上市场监管部门责令改正；对广告主、广告经营者、广告发布者处以违法所得3倍以下罚款，但最高不超过3万元；没有违法所得的，可处1万元以下罚款 |
| 《广告管理办法》第二十九条 | 使用国家机关、国家机关工作人员、军队单位的名义从事广告宣传<br>发布戒毒治疗的医疗器械广告<br>发布停止或禁止生产、销售或者使用的医疗器械广告 | 按照《广告法》第五十七条的规定处罚 |

续表

| 法律条款 | 情形 | 处罚 |
|---|---|---|
| 《广告管理办法》第三十条 | 隐瞒真实情况或者提供虚假材料申请医疗器械广告审查的<br>以欺骗、贿赂等不正当手段取得医疗器械广告批准文号的 | 按照《广告法》第六十五条的规定处罚 |
| 《广告管理办法》第三十二条 | 广告审查机关的工作人员玩忽职守、滥用职权、徇私舞弊的 | 依法给予处分，构成犯罪的，依法追究刑事责任 |

**案例**

**违规医疗器械广告案**

某市市场监管局在医疗器械广告监测时发现，某医疗器械公司生产的医疗器械“眼贴”。该产品通过报纸媒介发布广告，宣称“快速营养滋润视神经，激活眼部细胞活力，帮助代谢物排出，顽固的眼疾可逐渐恢复；老父亲多年白内障，三周期眼明亮”等。

问题思考：

该案有哪些违法行为？如何处理？

课堂活动：

上网查询：医疗器械广告。

查询方法：

国家市场监督管理总局网站—服务—国家市场监督管理总局政务服务平台—我要查—广告查询—医疗器械广告查询。

# 任务五　医疗器械进口管理

## »任务导入

### 案例

**经营企业经营未经注册进口医疗器械案**

2018年12月11日，A医院眼科为10名患者做人工晶体植入手术，术后因感染，7名患者眼球被迫摘除。经调查，手术中植入的人工晶体属于第三类医疗器械，生产企业是外国B公司，由C经营公司销售给A市立医院，经调查该产品在中国境内并未申请注册。

问题思考：

1. 进口医疗器械需要办理什么手续？

2. 该案C公司应该如何处罚？

## »相关知识与技能

### 一、我国医疗器械进出口现状

作为世界经济的重要组成部分，我国经济正在快速融入世界经济中，医疗器械行业一样，我国医疗器械进出口贸易平稳增长，成为世界医疗器械行业重要成员。据数据统计，2020年我国医疗器械进出口贸易总额达到1037.2亿美元；其中，出口额为732.04亿美元，同比增长72.59%；进口额为305.16亿美元，同比增长1.72%。

我国医疗器械出口产品以一次性医用耗材、医用敷料、按摩器具、助听器等中低端诊疗器械为主。由于疫情原因，2020年我国疫情防控医疗器械出口激增，出口目的地主要是欧洲、北美和亚洲。出口医疗器械比较多的省份是广东、江苏、浙江。

我国医疗器械进口产品来源地为美国、德国、日本，主要进口产品是通用诊疗设备、彩色超声波诊断仪、弥补生理缺陷的康复用具、X射线断层成像装置、内窥镜、核磁共振成像装置等高端医疗器械等。

## 二、医疗器械进出口管理

1. 进口管理

《医疗器械监督管理条例》第五十七条规定："进口的医疗器械应当是依照本条例第二章的规定已注册或者已备案的医疗器械。"

进口的医疗器械应当有中文说明书、中文标签。说明书、标签应当符合《医疗器械监督管理条例》规定以及相关强制性标准的要求，并在说明书中载明医疗器械的原产地以及境外注册人、备案人指定的我国境内企业法人的名称、地址、联系方式。没有中文说明书、中文标签或者说明书、标签不符合规定的，不得进口。

医疗机构因临床急需进口少量第二类、第三类医疗器械的，经国家药监局或者国务院授权的省级人民政府批准，可以进口。进口的医疗器械应当在指定医疗机构内用于特定医疗目的。

《医疗器械监督管理条例》第十五条规定："向我国境内出口第一类医疗器械的境外备案人，由其指定的我国境内企业法人向国务院药品监督管理部门提交备案资料和备案人所在国（地区）主管部门准许该医疗器械上市销售的证明文件。未在境外上市的创新医疗器械，可以不提交备案人所在国（地区）主管部门准许该医疗器械上市销售的证明文件。"

《医疗器械监督管理条例》第十六条规定："向我国境内出口第二类、第三类医疗器械的境外注册申请人，由其指定的我国境内企业法人向国务院药品监督管理部门提交注册申请资料和注册申请人所在国（地区）主管部门准许该医疗器械上市销售的证明文件。未在境外上市的创新医疗器械，可以不提交注册申请人所在国（地区）主管部门准许该医疗器械上市销售的证明文件。"

《医疗器械监督管理条例》第五十八条规定："出入境检验检疫机构依法对进口的医疗器械实施检验；检验不合格的，不得进口。"

国家药监局应当及时向国家出入境检验检疫部门通报进口医疗器械的注册和备案情况。进口口岸所在地出入境海关机构应当及时向所在地设区的市级药监部门通报进口医疗器械的通关情况。

2. 医疗器械出口管理

《医疗器械监督管理条例》第五十九条规定："出口医疗器械的企业应当保证其出口的医疗器械符合进口国（地区）的要求。"

为进一步规范药监部门出具医疗器械出口销售证明的服务性事项的办理，便利医疗器械生产企业产品出口，原国家食品药品监督管理总局制定了《医疗器械产品出口销售证明管理规定》，自2015年9月1日起施行。

在我国已取得医疗器械产品注册证书及生产许可证书，或已办理医疗器械产品备案及生产备案的，药监部门可为相关企业出具《医疗器械产品出口销售证明》。

企业应当向所在地省级药监部门或其指定的部门提交《医疗器械产品出口销售证明登记表》，并报送加盖企业公章的以下资料，资料内容应与出口产品的实际信息一致：① 企业营业执照的复印件；② 医疗器械生产许可证或备案凭证的复印件；③ 医疗器械产品注册证或备案凭证的复印件；④ 所提交材料真实性及中英文内容一致的自我保证声明。

出具证明部门应当对企业提交的相关资料进行审查核对。符合要求的，应当出具《医疗器械产品出口销售证明》；不符合要求的，应当及时说明理由。

企业生产不符合相关法规要求，企业信用等级较低，或在生产整改、涉案处理期间的，不予出具《医疗器械产品出口销售证明》。企业提供虚假证明或者采取其他欺骗手段骗取《医疗器械产品出口销售证明》的，5年内不再为其出具《医疗器械产品出口销售证明》，并将企业名称、医疗器械生产许可证或备案凭证编号、医疗器械产品注册证或备案凭证编号、法定代表人和组织机构代码等信息予以通告。

《医疗器械产品出口销售证明》编号的编排方式为：XX食药监械出XXXXXXXX号。其中：

第一位X代表生产企业所在地省、自治区、直辖市的简称；

第二位X代表生产企业所在地设区的市的简称；

第三到第六位X代表4位数的证明出具年份；

中华人民共和国
PEOPLE'S REPUBLIC OF CHINA
医疗器械产品出口销售证明
CERTIFICATE FOR EXPORTATION OF MEDICAL PRODUCTS
（格式）

证书编号
Certificate No.：

产品名称
Product（s）：

规格型号：
Model：

产品注册或备案凭证号：
Registration certificate（s）：

生产企业
Manufacturer：

生产企业住所：
Address of manuf acturer：

生产许可或备案凭证号：
Manufacturing License（s）：

兹证明上述产品已准许在中国生产和销售。
This is to certify that the above products have been registered to be manufactured and sold in China.

证明有效日期至： 年 月 日
This certification valid until：

备注：
Remark：

年 月 日
（出具单位盖章）

图 5-3 医疗器械产品出口销售证明

第七到第十位X代表4位数的证明出具流水号。

《医疗器械产品出口销售证明》有效日期不应超过申报资料中企业提交的各类证件最先到达的截止日期，且最长不超过2年。

企业应当建立并保存出口产品档案。内容包括已办理的《医疗器械产品出口销售证明》和《医疗器械出口备案表》、购货合同、质量要求、检验报告、合格证明、包装、标签式样、报关单等，以保证产品出口过程的可追溯。

## 三、进口医疗器械检验

为加强进口医疗器械检验监督管理，保障人体健康和生命安全，根据

《中华人民共和国进出口商品检验法》及其实施条例和其他有关法律法规规定，原国家质量监督检验检疫总局制定颁布《进口医疗器械检验监督管理办法》，自2007年12月1日起施行。

（一）监管部门

国家海关总署主管全国进口医疗器械检验监督管理工作，负责组织收集整理与进口医疗器械相关的风险信息、风险评估并采取风险预警及快速反应措施。国家海关总署负责对海关机构实施进口医疗器械检验监督管理人员资格的培训和考核工作。未经考核合格的人员不得从事进口医疗器械的检验监管工作。

国家海关总署设在各地的出入境海关机构负责所辖地区进口医疗器械检验监督管理工作，负责收集与进口医疗器械相关的风险信息及快速反应措施的具体实施。

（二）进口单位的分类监管

1. 进口单位分类：海关机构根据医疗器械进口单位的管理水平、诚信度、进口医疗器械产品的风险等级、质量状况和进口规模，对医疗器械进口单位实施分类监管，具体分为三类。

（1）一类进口单位应当符合下列条件

严格遵守商检法及其实施条例、国家其他有关法律法规以及国家海关总署的相关规定，诚信度高，连续5年无不良记录。

具有健全的质量管理体系，获得ISO9000质量体系认证，具备健全的质量管理制度，包括进口报检、进货验收、仓储保管、质量跟踪和缺陷报告等制度。

具有2名以上经海关机构培训合格的质量管理人员，熟悉相关产品的基本技术、性能和结构，了解我国对进口医疗器械检验监督管理。

代理或者经营实施强制性产品认证制的进口医疗器械产品的，应当获得相应的证明文件。

代理或者经营的进口医疗器械产品质量信誉良好，2年内未发生由于产品质量责任方面的退货、索赔或者其他事故等。

连续从事医疗器械进口业务不少于6年，并能提供相应的证明文件。

近2年每年进口批次不少于30批。

收集并保存有关医疗器械的国家标准、行业标准及医疗器械的法规规章及专项规定，建立和保存比较完善的进口医疗器械资料档案，保存期不少于10年。

具备与其进口的医疗器械产品相适应的技术培训和售后服务能力，或者约定由第三方提供技术支持。

具备与进口医疗器械产品范围与规模相适应的、相对独立的经营场所和仓储条件。

（2）二类进口单位应当具备下列条件

严格遵守商检法及其实施条例、国家其他有关法律法规以及国家海关总署的相关规定，诚信度较高，连续3年无不良记录。

具有健全的质量管理体系，具备健全的质量管理制度，包括进口报检、进货验收、仓储保管、质量跟踪和缺陷报告等制度。

具有1名以上经培训合格的质量管理人员，熟悉相关产品的基本技术、性能和结构，了解我国对进口医疗器械检验监督管理的人员。

代理或者经营实施强制性产品认证制度的进口医疗器械产品的，应当获得相应的证明文件。

代理或者经营的进口医疗器械产品质量信誉良好，1年内未发生由于产品质量责任方面的退货、索赔或者其他事故等。

连续从事医疗器械进口业务不少于3年，并能提供相应的证明文件。

近2年每年进口批次不少于10批。

收集并保存有关医疗器械的国家标准、行业标准及医疗器械的法规规章及专项规定，建立和保存比较完善的进口医疗器械资料档案，保存期不少于10年。

具备与其进口的医疗器械产品相适应的技术培训和售后服务能力，或者约定由第三方提供技术支持。

具备与进口医疗器械产品范围与规模相适应的、相对独立的经营场所。

（3）三类进口单位包括

① 从事进口医疗器械业务不满3年的进口单位。

② 从事进口医疗器械业务已满3年，但未提出分类管理申请的进口单位。

③ 提出分类申请，经考核不符合一、二类进口单位条件，未列入一、二类分类管理的进口单位。

2. 进口单位类别管理

海关机构每年对一、二类进口单位进行至少一次监督审核，发现下列情况之一的，可以根据情节轻重对其作降类处理：① 进口单位出现不良诚信记录的；② 所进口的医疗器械存在重大安全隐患或者发生重大质量问题的；③ 经海关机构检验，进口单位年进口批次中出现不合格批次达10%；④ 进口单位年进口批次未达到要求的；⑤ 进口单位有违反法律法规其他行为的。

降类的进口单位必须在12个月后才能申请恢复原来的分类管理类别，且必须经过重新考核、核准、公布。

（三）进口医疗器械风险等级及检验监管

1. 进口医疗器械风险等级

国家海关总署根据进口医疗器械的结构特征、使用形式、使用状况、国家医疗器械分类规则以及进口检验管理的需要等，将进口医疗器械产品分为：高风险、较高风险和一般风险三个风险等级。

进口医疗器械产品风险等级目录由国家海关总署确定、调整，并在施行之日前60日公布。

2. 进口医疗器械检验管理

海关机构按照进口医疗器械的风险等级、进口单位的分类情况，根据国家海关总署的相关规定，对进口医疗器械实施现场检验与后续监督管理相结合的检验监管模式。

根据需要，国家海关总署对高风险的进口医疗器械可以按照对外贸易合同约定，组织实施监造、装运前检验和监装。

**表 5-4　进口医疗器械产品风险等级检验监管模式一览表**

| 序号 | 风险级别 | 现场检验率 | 风险界定 |
|---|---|---|---|
| 1 | 高风险 | 一类进口单位≥ 50%<br>二类进口单位 =100%<br>三类进口单位 =100% | 1. 植入人体的医疗器械<br>2. 介入人体的有源医疗器械<br>3. 用于支持、维持生命的医疗器械<br>4. 对人体有潜在危险的医学影像设备及能量治疗设备<br>5. 产品质量不稳定，多次发生重大质量事故，对其安全性、有效性必须严格控制的医疗器械 |
| 2 | 较高风险 | 一类进口单位≥ 30%<br>二类进口单位≥ 50%<br>三类进口单位 =100% | 1. 介入人体的无源医疗器械<br>2. 不属于高风险的其他与人体接触的有源医疗器械<br>3. 产品质量较不稳定，多次发生质量问题，对其安全性、有效性必须严格控制的医疗器械 |
| 3 | 一般风险 | 一类进口单位≥ 10%<br>二类进口单位≥ 30%<br>三类进口单位≥ 50% | 未列入高风险、较高风险等级的进口医疗器械 |

3. 进口医疗器械检验程序

（1）报检：进口医疗器械进口时，进口医疗器械的收货人或者其代理人应当向报关地海关机构报检，并提供下列材料：① 报检规定中要求提供的单证；② 属于《实施强制性产品认证的产品目录》内的医疗器械，应当提供中国强制性认证证书；③ 国务院药品监督管理部门审批注册的进口医疗器械注册证书；④ 进口单位为一、二类进口单位的，应当提供海关机构签发的进口单位分类证明文件。

（2）检验过程：口岸海关机构应当对报检材料进行审查，不符合要求的，应当通知报检人；经审查符合要求的，签发《入境货物通关单》，货物办理海关报关手续后，应当及时向海关机构申请检验。

进口医疗器械应当在报检人报检时申报的目的地检验。

对需要结合安装调试实施检验的进口医疗器械，应当在报检时明确使用地，由使用地海关机构实施检验。需要结合安装调试实施检验的进口医疗器械目录由国家海关总署对外公布实施。

对于植入式医疗器械等特殊产品，应当在国家海关总署指定的海关机构实施检验。

（3）检验依据及内容

海关机构按照国家技术规范的强制性要求对进口医疗器械进行检验。尚未制定国家技术规范的强制性要求的，可以参照国家海关总署指定的国外有关标准进行检验。

海关机构对进口医疗器械实施现场检验和监督检验的内容包括：① 产品与相关证书一致性的核查；② 数量、规格型号、外观的检验；③ 包装、标签及标志的检验，如使用木质包装的，须实施检疫；④ 说明书、随机文件资料的核查；⑤ 机械、电气、电磁兼容等安全方面的检验；⑥ 辐射、噪声、生化等卫生方面的检验；⑦ 有毒有害物质排放、残留以及材料等环保方面的检验；⑧ 涉及诊断、治疗的医疗器械性能方面的检验；⑨ 产品标识、标志以及中文说明书的核查。

（4）检验结论：进口医疗器械经检验未发现不合格的，海关机构应当出具《入境货物检验检疫证明》。

经检验发现不合格的，海关机构应当出具《检验检疫处理通知书》，需要索赔的应当出具检验证书。涉及人身安全、健康、环境保护项目不合格的，或者可以技术处理的项目经技术处理后经检验仍不合格的，由海关机构责令当事人销毁，或者退货并书面告知海关，并上报国家海关总署。

（四）进口捐赠医疗器械检验监管

1. 监管要求：近年来有国外机构以捐赠名义向我国转移不符合国家规定的医疗器械，甚至医疗垃圾，存在重大的安全和健康隐患。为了确保进口医疗器械的安全、有效，保障我国公民人身健康和生命安全，《进口医疗器械检验监督管理办法》第二十六条规定：“进口捐赠的医疗器械应当未经使用，且不得夹带有害环境、公共卫生的物品或者其他违禁物品。”即捐赠的医疗器械应为新品，并且已在中国办理过医疗器械注册，且不得

| | | | |
|---|---|---|---|
| | **中华人民共和国出入境检验检疫<br>入境货物检验检疫证明** | | |
| 收货人 | | | |
| 发货人 | | | |
| 品名 | | 报检数/重量 | |
| 包装种类及数量 | | 输出国家或地区 | |
| 合同号 | | 标记及号码 | |
| 提/运单号 | | | |
| 入境口岸 | | | |
| 入境日期 | | | |
| 证明<br>上述货物业经检验检疫，准予销售/使用。<br>签字： | | 日期： | |
| 备注<br>清单见附页。 | | | |

图 5-4　入境货物检验检疫证明

夹带有害环境、公共卫生的物品或者其他违禁物品。

2. 检验程序

向中国境内捐赠医疗器械的境外捐赠机构，须由其或者其在中国的代理机构向国家海关总署办理捐赠机构及其捐赠医疗器械的备案。

国家海关总署在必要时可以对进口捐赠的医疗器械组织实施装运前预检验。

接受进口捐赠医疗器械的单位或者其代理人应当持相关批准文件向报关地的海关机构报检，向使用地的海关机构申请检验。

海关机构凭有效的相关批准文件接受报检，实施口岸查验，使用地检验。

境外捐赠的医疗器械经海关机构检验合格并出具《入境货物检验检疫证明》后，受赠人方可使用；经检验不合格的，按照商检法及其实施条例的有关规定处理。

（五）风险预警与快速反应

国家海关总署建立对进口医疗器械的风险预警机制。通过对缺陷进口医疗器械等信息的收集和评估，按照有关规定发布警示信息，并采取相应的风险预警措施及快速反应措施。

缺陷进口医疗器械：不符合国家强制性标准的规定的，或者存在可能危及人身、财产安全的不合理危险的进口医疗器械。

**表 5-5　对缺陷进口医疗器械的风险预警措施及快速反应措施**

| 风险预警措施 | 快速反应措施 |
| --- | --- |
| 1. 向海关机构发布风险警示通报，加强对缺陷产品制造商生产的和进口单位进口的医疗器械的检验监管<br>2. 向缺陷产品的制造商、进口单位发布风险警示通告，敦促其及时采取措施，消除风险<br>3. 向消费者和使用单位发布风险警示通告，提醒其注意缺陷进口医疗器械的风险和危害<br>4. 向国内有关部门、有关国家和地区驻华使馆或者联络处、有关国际组织和机构通报情况，建议其采取必要的措施 | 1. 建议暂停使用存在缺陷的医疗器械<br>2. 调整缺陷进口医疗器械进口单位的分类管理的类别<br>3. 停止缺陷医疗器械的进口<br>4. 暂停或者撤销缺陷进口医疗器械的国家强制性产品认证证书 |

海关机构需定期了解辖区内使用的进口医疗器械的质量状况，发现进口医疗器械发生重大质量事故，应及时报告国家海关总署。

进口医疗器械的制造商、进口单位和使用单位在发现其医疗器械中有缺陷的应当向海关机构报告，对海关机构采取的风险预警措施及快速反应措施应当予以配合。

## 四、法律责任

进口医疗器械相关违法行为的处罚见下表。

**表 5-6 《进口医疗器械检验监督管理办法》中违反相关规定行为的处罚**

| 法律条款 | 情形 | 处罚 |
| --- | --- | --- |
| 第四十一条 | 擅自销售、使用未报检或者未经检验的属于法定检验的进口医疗器械，或者擅自销售、使用应当申请进口验证而未申请的进口医疗器械的 | 由海关机构没收违法所得，并处商品货值金额的5% ~ 20%罚款；构成犯罪的，依法追究刑事责任 |
| 第四十二条 | 销售、使用经法定检验、抽查检验或者验证不合格的进口医疗器械的 | 由海关机构责令停止销售、使用，没收违法所得和违法销售、使用的商品，并处违法销售、使用的商品货值金额的 1 ~ 3 倍罚款；构成犯罪的，依法追究刑事责任 |
| 第四十三条 | 医疗器械的进口单位进口国家禁止进口的旧医疗器械的 | 按照国家有关规定予以退货或者销毁 |
| | 进口旧医疗器械属机电产品的 | 情节严重的，由海关机构并处100万元以下罚款 |
| 第四十四条 | 海关机构的工作人员滥用职权，故意刁难的，徇私舞弊、伪造检验结果的，或者玩忽职守、延误检验出证的 | 依法给予行政处分；构成犯罪的，依法追究刑事责任 |

# 目标测试

## 一、单项选择题

1. 根据《医疗器械监督管理条例》及《医疗器械经营监督管理办法》相关规定，经营第三类医疗器械实行（　　）管理。

A. 全面　　B. 备案

C. 许可　　D. 不需许可备案

2.《医疗器械经营许可证》有效期为（　　）

A. 2年　　B. 3年　　C. 4年　　D. 5年

3. 负责本辖区内《医疗器械经营许可证》的发证、延续、变更和监督管理工作的部门是（　　）

A. 国家药品监督管理总局

B. 省级药品监督管理部门

C. 设区的市级市场监督管理部门

D. 市级卫生健康委员会

4. 医疗器械经营企业进货查验记录和销售记录应当保存至医疗器械有效期后（　　）年。

A. 1　　B. 2

C. 5　　D. 永久保存

5. 从事第二类医疗器械经营的，由经营企业向所在地（　　）人民政府市场监督管理部门备案并提交其符合规定条件的证明资料。

A. 县级或县级市　　B. 设区的市级

C. 省级　　D. 国家级

6.《医疗器械经营许可证》有效期届满需要延续的，医疗器械经营企业应当在有效期届满前（　　），向原发证部门提出《医疗器械经营许可证》延续申请。

A. 1个月　　B. 3个月

C. 6个月　　D. 90~30个工作日

7. 市场监督管理部门根据医疗器械的风险程度、医疗器械经营企业业态、质量管理水平和遵守法规的情况，将医疗器械经营企业分为不同的类别，其中管理最严格的是（　　）

A. 三级监管　　B. 二级监管

C. 一级监管　　D. 四级监管

8.（　　）负责医疗器械质量管理工作，应当独立履行职责，在企业内部对医疗器械质量管理具有裁决权，承担相应的质量管理责任。

A. 法人代表或企业负责人　　B. 公司高管

C. 质量负责人　　D. 部门经理

9.《医疗器械经营质量管理规范》开始施行的日期是（ ）

A. 2014年6月1日　　B. 2015年10月15日

C. 2014年12月12日　　D. 2014年10月1日

10. 经营企业负责不合格医疗器械的确认，对不合格医疗器械的处理过程实施监督的是（ ）

A. 仓库保管员　　B. 企业负责人

C. 质量负责人　　D. 质量管理人员

11. 第三类医疗器械经营企业停业（ ）以上，恢复经营前，应进行验证和确认，并书面报告市级市场监管部门；可能影响质量安全的，市场监管部门根据需要组织核查。

A. 三个月　　B. 六个月

C. 一年　　D. 两年

12. 从事（ ）的企业，应当将医疗器械销售给合法的购货者，销售前应当对购货者的证明文件、经营范围进行核实。

A. 所有　　B. 医疗器械零售业务

C. 医疗器械批发业务　　D. 第三类医疗器械经营

13. 申请医疗器械广告批准文号，应当向（ ）提出。

A. 国家药品监督管理局　　B. 省级药品监督管理局

C. 省级市场监督管理部门　　D. 县级市场监督管理局

14. 医疗器械出口销售证明书的有效期不超过（ ）

A. 5年　　B. 3年　　C. 2年　　D. 1年

15. 主管全国进口医疗器械检验监督管理工作的是（ ）

A. 国家药品监督管理局　　B. 国家市场监督管理总局

C. 国家卫生健康委员会　　D. 国家海关总署

16. 进口医疗器械经检验未发现不合格的，检验检疫机构应当出具（ ）

A.《入境货物通关单》　　B.《入境货物检验检疫证明》

C.《检验检疫处理通知书》　　D.《医疗器械出口销售证明》

17. 未经许可从事第三类医疗器械经营活动的，依据《医疗器械监督管理条例》第（　　）规定予以处罚。

A. 六十三　　B. 八十一

C. 八十九　　D. 九十

18. 未经审查发布医疗器械广告的，依据（　　）的规定予以处罚。

A.《医疗器械监督管理条例》第八十九条

B.《广告法》第五十八条

C.《医疗器械监督管理条例》第八十一条

D.《医疗器械监督管理条例》第八十二条

19. 销售、使用经法定检验、抽查检验或者验证不合格的进口医疗器械的，由（　　）责令停止销售、使用，没收违法所得和违法销售、使用的商品，并处违法销售、使用的商品货值金额等值以上3倍以下罚款；构成犯罪的，依法追究刑事责任。

A. 药品监管部门　　B. 市场监督管理部门

C. 省级人民政府　　D. 海关机构

**二、多项选择题**

1. 从事（　　）业务的经营企业应当建立销售记录制度。

A. 第二类医疗器械批发业务　　B. 第三类医疗器械批发业务

C. 第三类医疗器械零售业务　　D. 第二类医疗器械零售业务

2. 进货查验记录和销售记录需要记录事项包括（　　）

A. 医疗器械的名称、型号、规格、数量

B. 医疗器械的生产批号、有效期、销售日期

C. 生产企业的名称

D. 供货者（购货者）的名称、地址及联系方式

3. 运输、贮存医疗器械，应当符合（　　）的要求。

A. 销售人员介绍　　B. 仓库保管人员

C. 医疗器械说明书　　D. 医疗器械标签标示

4. 药监部门应当对（　　）情形进行重点监督检查。

A. 上一年度监督检查中存在严重问题的

B. 因违反有关法律、法规受到行政处罚的

C. 新开办的第三类医疗器械经营企业

D. 为其他注册人、备案人、生产经营企业专门提供贮存、运输服务的

5. 从事医疗器械经营活动，应当具备下列条件的有（　　）

A. 与经营范围和经营规模相适应的质量管理机构或质量管理人员

B. 与经营范围和经营规模相适应的经营场所

C. 与经营范围和经营规模相适应的贮存条件

D. 与经营的医疗器械相适应的质量管理制度

E. 与经营的医疗器械相适应的专业指导、技术培训和售后服务的质量管理机构或人员

6. 有下列经营行为之一的，企业可以不单独设立医疗器械库房（　　）

A. 单一门店零售企业的经营场所陈列条件能符合其所经营医疗器械产品性能要求、经营场所能满足其经营规模及品种陈列需要的

B. 连锁零售经营医疗器械的

C. 全部委托为其他医疗器械生产经营企业提供贮存、配送服务的医疗器械经营企业进行存储的

D. 专营医疗器械软件或者医用磁共振、医用X射线、医用高能射线、医用核素设备等大型医用设备的

7. 企业在库房贮存医疗器械，应当按质量状态采取控制措施，实行分区管理，包括（　　），并有明显区分。

A. 待验区　　B. 合格品区

C. 不合格品区　　D. 发货区

8. 应当注销医疗器械广告批准文号的情形有（　　）

A. 医疗器械广告申请人的《医疗器械生产许可证》被吊销的

B. 医疗器械产品注册证书被撤销、吊销、注销的

C. 药品监督管理部门责令终止生产、销售和使用的医疗器械

D. 其他法律、法规规定的应当注销行政许可的情况

9. 以欺骗、贿赂等不正当手段取得广告审查批准文号的，广告审查机关（　　）

A. 警告、处分

B. 撤销广告批准文号

C. 处10万~20万元罚款

D. 三年内不受理该申请人的广告审查申请

10. 医疗器械广告不能含有的内容包括（　　）

A. 使用国家机关、军队的名义从事广告宣传

B. 使用科研单位、学术机构的名义作推荐

C. 含有热销、抢购、试用与其他产品比较

D. 注册证编号

11. 海关总署根据进口医疗器械的结构特征、使用形式、使用状况、国家医疗器械分类的相关规则以及进口检验管理的需要等，将进口医疗器械产品分为（　　）三个风险等级。

A. 高　　B. 较高

C. 一般　　D. 较低

12. 属于高风险的医疗器械包括（　　）

A. 介入人体的有源医疗器械

B. 介入人体的无源医疗器械

C. 植入人体的医疗器械

D. 用于支持、维持生命的医疗器械

**三、简答题**

1. 经营医疗器械应该具备的条件有哪些？

2. 持有《医疗器械经营许可证》的企业要变更经营范围，如何办理手续？

3. 医疗器械经营企业在采购前应当审核供货者哪些资料？

4. 医疗器械经营企业质量管理人员、质量负责人有哪些要求？

5. 简述医疗器械广告的审批程序。

6. 进口医疗器械检验的依据。

**四、案例分析题**

1. 2020年8月，某市场监督管理部门根据举报对某医疗器械经营企业进行检查，发现该公司《医疗器械经营许可证》经营范围不包括（三类）

08呼吸、麻醉和急救器械，而该企业仓库中发现部分呼吸机产品，该企业销售记录中也有销售呼吸机的记录，呼吸机产品在2017版分类目录中属于08呼吸、麻醉和急救器械中的第三类医疗器械。

请问该公司有哪些违法行为？如何处罚？

2. 经营企业经营无注册证医疗器械案。

2019年 7月，某市场监督管理局接到市民举报，称某医疗器械经营企业A违法经营医疗器械，其销售的第三类医疗器械“高电位治疗仪”未经注册。该市场监督管理局食药局执法人员对A公司进行调查，发现举报反映情况基本属实。执法人员经对A公司5年的购进、销售票据检查和核算后，发现A公司违法经营上述产品的所得为15000元。

试分析：对A公司行为应如何定性？如何处罚？

3. 某医疗器械公司生产的医疗器械“冷敷敷料”，其适用范围为“用于闭合性软组织损伤引起的肿痛及皮炎、湿疹、过敏、真菌感染等引起的皮肤瘙痒”。广告宣称“循经脱毒，脱毒断痒。膏中的药用成分就像靶向追踪器，循着人体经络把分散潜藏于体内深层的风寒湿燥火虫七类毒素一网打尽，由内向外全部脱出，各种顽固瘙痒也随着毒素的逐渐脱出得以见效；无论是何病因、病程长短，均可达到突出效果”等。

分析该广告违法的原因。

4. 医疗器械经营企业未建立并执行进货查验记录制度。

2019年9月，某市市场监管部门在对A医疗器械公司检查时发现，该企业在经营场所内经营某品牌角膜接触镜等第三类医疗器械过程中，未留存相关产品医疗器械注册证等材料，也未对进货情况进行记录。

试分析：对A公司行为应如何定性？如何处罚？处罚的依据是什么？

# 项目六　医疗器械使用管理

## 任务　医疗器械使用管理

**≫任务导入**

**案例**

**医疗机构转让医疗设备案**

某市场监管局在对某诊所进行医疗器械专项检查中发现，该诊所使用的全自动生化分析仪没有检查、校准、保养记录；进一步检查，诊所提供不了该设备的合格证明文件；进一步核查，该设备是某医院转让给诊所的，转让时收费较低，没有附带相关证明文件和资料。

引导问题：

1. 医疗器械转让有什么规定？
2. 该案中诊所、医院有哪些违法行为？
3. 该案应如何处罚？

**≫相关知识与技能**

### 一、《医疗器械使用质量监督管理办法》出台背景

随着科技进步及人民生活水平不断提高，医疗器械成为医疗机构不可或缺的诊疗手段，其自身状态、使用质量的好坏，直接关系到医院的医疗质量和医疗安全。当前医疗器械使用中存在着采购渠道不规范、进货查验

不落实、维护保养不严格、质量管理不完善等问题，近年来，由于医疗器械使用不当造成人身伤害进而引发医疗纠纷不当增加，严重威胁人民群众身体健康和生命安全，同时造成医患关系持续紧张，因此加强医疗器械使用管理是医疗器械全生命周期管理的重要组成部分。为了加强医疗器械使用质量监督管理，保证医疗器械使用安全有效，2015年10月21日，原国家食品药品监督管理总局颁布《医疗器械使用质量监督管理办法》（以下简称《使用管理办法》），自2016年2月1日起施行。《使用管理办法》共六章35条，对《医疗器械监督管理条例》规定的进货查验、信息记录、贮存运输、质量检查、维护保养等使用环节、质量管理责任作了细化和补充完善。

## 二、基本要求

1. 使用单位：是指使用医疗器械为他人提供医疗等技术服务的机构，包括医疗机构、计划生育技术服务机构、血站、单采血浆站、康复辅助器具适配机构等。

2. 主管部门

《医疗器械监督管理条例》五十四条规定：“负责药品监督管理的部门和卫生主管部门依据各自职责，分别对使用环节的医疗器械质量和医疗器械使用行为进行监督管理。”

国家药监局负责全国医疗器械使用质量监督管理工作。县级以上药监部门负责本行政区域的医疗器械使用质量监督管理工作。

上级药监部门负责指导和监督下级药监部门开展医疗器械使用质量监督管理工作。

3. 产品质量管理：医疗器械使用单位应当配备质量管理机构或者质量管理人员，建立覆盖质量管理全过程的使用质量管理制度，承担医疗器械的质量管理责任。

供货商销售给使用单位的医疗器械应当符合强制性标准以及经注册或者备案的产品技术要求。供货商应当按照合同约定，提供医疗器械售后服务，指导和配合医疗器械使用单位开展质量管理工作。

使用单位发现医疗器械发生不良事件的，应当按照医疗器械不良事件监测的有关规定报告并处理。

## 三、采购、验收、贮存

1. 采购：使用单位应由指定部门或者人员统一采购医疗器械，并从具有资质的医疗器械注册人、备案人、经营企业购进医疗器械，索取、查验供货者资质、医疗器械注册证或者备案凭证等证明文件。

2. 验收：验收时应当验明产品合格证明文件，并按规定进行验收。对有特殊储运要求的医疗器械还应当核实储运条件是否符合产品说明书和标签标示的要求。

使用单位应当建立进货查验记录，真实、完整、准确地记录进货查验情况。

进货查验记录保存期限：医疗器械进货查验记录保存至规定使用期限届满后2年或者使用终止后2年。大型医疗器械进货查验记录应当保存至医疗器械规定使用期限届满后5年或者使用终止后5年。植入性医疗器械进货查验记录应当永久保存。

3. 贮存：贮存场所、设施及条件应当与医疗器械品种、数量相适应，符合产品说明书的要求。对温度、湿度等环境条件有特殊要求的，还应当监测和记录贮存区域的温度、湿度。

使用单位应当按照贮存条件、医疗器械有效期限等要求对贮存的医疗器械进行定期检查并记录。

4. 医疗器械使用单位不得购进和使用未依法注册或者备案、无合格证明文件以及过期、失效、淘汰的医疗器械。

## 四、大型医疗器械配置

大型医用设备技术复杂、资金投入量大、运行成本高、对医疗费用影响大，直接关系医疗质量安全、医疗费用和人民群众健康权益。为了促进大型医用设备合理配置和有效使用，保障医疗质量安全，控制医疗费用过快增长，维护人民群众健康权益，根据《医疗器械监督管理条例》，国家卫健委、国家药监局2018年5月22日颁布《大型医用设备配置与使用管理办法（试行）》。

1. 大型医用设备：是指使用技术复杂、资金投入量大、运行成本高、对医疗费用影响大且纳入目录管理的大型医疗器械。

2. 目录管理：大型医用设备管理目录由国家卫生健康委员会根据医疗服务需求和医疗器械发展状况，结合资金投入、运行成本和使用费用、技术要求等因素提出。大型医用设备配置管理目录分为甲、乙两类。甲类大型医用设备是指资金投入巨大、运行使用费用高、技术要求特别严格的大型医用设备，由国家卫健委负责配置管理并核发配置许可证。乙类大型医用设备指资金投入大、运行使用费用较高、技术要求严格的大型医用设备，由省级卫生健康部门负责配置管理并核发配置许可证。

3. 配置规划：大型医用设备配置规划应当与国民经济和社会发展水平、医学科学技术进步以及人民群众健康需求相适应，符合医疗卫生服务体系规划，促进区域医疗资源共享。大型医用设备配置规划原则上每5年编制一次，分年度实施。配置规划包括规划数量、年度实施计划、区域布局和配置标准等内容。首次配置的大型医用设备配置规划原则上不超过5台，其中，单一企业生产的，不超过3台。

4. 配置管理：医疗器械使用单位申请配置大型医用设备，应符合大型医用设备配置规划，具有相应的技术条件、配套设施和具备相应资质、能力的专业技术人员。

申请配置甲类大型医用设备的，向国家卫健委提出申请。申请配置乙类大型医用设备的，向省级卫健部门提出申请。

受理配置申请的卫健部门应当对使用单位申报事项实施第三方专家评审，并在20个工作日内，作出许可决定。发给《甲类大型医用设备配置许可证》或《乙类大型医用设备配置许可证》。

使用单位取得大型医用设备配置许可证后应当及时配置，并向发证机关报送大型医用设备相关信息，配置时限由发证机关规定。

**五、使用、维护、转让**

1. 使用前检查：使用单位应建立医疗器械使用前质量检查制度。在使用医疗器械前，应当按照产品说明书的有关要求进行检查。使用无菌医疗器械前，应当检查直接接触医疗器械的包装及其有效期限。包装破损、标示不清、超过有效期限或者可能影响使用安全、有效的，不得使用。

2.使用记录：使用单位应当按照产品说明书要求使用医疗器械，一次性使用的医疗器械不得重复使用，对使用过的应当按照国家有关规定销毁并记录。对植入和介入类医疗器械应当建立使用记录，植入性医疗器械使用记录永久保存，相关资料应当纳入信息化管理系统，确保信息可追溯。

3. 维护：使用单位应当建立医疗器械维护维修管理制度。对需要定期检查、检验、校准、保养、维护的医疗器械，应当按照产品说明书的要求进行检查、检验、校准、保养、维护并记录，确保医疗器械处于良好状态。对使用期限长的大型医疗器械，应当逐台建立使用档案。

使用单位可以按照合同的约定要求注册人、备案人、经营企业提供医疗器械维护维修服务，也可以委托有条件和能力的维修服务机构进行维护维修，或者自行对在用医疗器械进行维护维修。

使用单位委托维修服务机构或者自行对在用医疗器械进行维护维修的，注册人、备案人、经营企业应当按照合同的约定提供维护手册、维修手册、软件备份、故障代码表、备件清单、零部件、维修密码等维护维修必需的材料和信息。

由注册人、备案人、经营企业或维修服务机构对医疗器械进行维护维修的，应当在合同中约定明确的质量要求、维修要求等相关事项，使用单位应当在每次维护维修后索取并保存相关记录；使用单位自行对医疗器械进行维护维修的，应当加强对维护维修的技术人员的培训考核，并建立培训档案。

使用单位发现医疗器械存在安全隐患的，应停止使用，通知检修。经检修仍不能达到使用安全标准的，不得继续使用。

4. 转让：医疗器械使用单位之间转让在用医疗器械，转让时转让方应当确保所转让的医疗器械安全、有效，并提供产品合法证明文件。

转让双方应当签订协议，移交产品说明书、使用和维修记录档案复印件等资料，并经有资质的检验机构检验合格后方可转让。受让方应对医疗器械按规定进行查验，符合要求后方可使用。

5. 捐赠：使用单位接受企业、个人捐赠医疗器械的，捐赠方应当提供医疗器械的相关合法证明文件，受赠方应对医疗器械按规定进行查验，符合要求后方可使用。

## 六、监督管理

1. 单位自查：使用单位应建立医疗器械使用质量管理制度，每年对医疗器械质量管理工作进行全面自查，并形成自查报告。药监部门在监督检查中对使用单位的自查报告进行抽查。

2. 监督检查计划：市级药监部门应当编制并实施使用单位年度监督检查计划，确定监督检查的重点、频次和覆盖率。对存在较高风险的医疗器械、有特殊储运要求的医疗器械以及有不良信用记录的医疗器械使用单位等，应当实施重点监管。年度监督检查计划及其执行情况应当报告省级药监部门。

3. 监督检查：食品药品监督管理部门对使用单位建立、执行医疗器械使用质量管理制度的情况进行监督检查，应当记录监督检查结果，并纳入监督管理档案。

食品药品监督管理部门对使用单位进行监督检查时，可以对相关的医疗器械生产经营企业、维修服务机构等进行延伸检查。

使用单位、生产经营企业和维修服务机构应当配合食品药品监督管理部门的监督检查，如实提供有关情况和资料，不得拒绝和隐瞒。

4. 医疗器械抽查检验：药监部门应当加强对使用环节医疗器械的抽查检验。省级以上药监部门应当根据抽查检验结论，及时发布医疗器械质量公告。

## 七、法律责任

医疗器械使用违法行为处罚见下表。

**表 6-1　医疗器械使用违法行为处罚**

| 法律条款 | 情形 | 处罚 |
|---|---|---|
| 《医疗器械监督管理条例》第八十二条 | 未经许可擅自配置使用大型医用设备的 | 按《医疗器械监督管理条例》第八十二条规定处罚 |

续表

| 法律条款 | 情形 | 处罚 |
| --- | --- | --- |
| 《医疗器械监督管理条例》第八十六条 | 1. 使用不符合强制性标准或者不符合经注册或者备案的产品技术要求的医疗器械<br>2. 使用无合格证明文件、过期、失效、淘汰的医疗器械，或者使用未依法注册的医疗器械 | 按《医疗器械监督管理条例》第八十六条规定处罚 |
| 《医疗器械监督管理条例》第八十八条 | 1. 未按照医疗器械产品说明书和标签标示要求贮存医疗器械<br>2. 转让过期、失效、淘汰、检验不合格的在用医疗器械 | 按《医疗器械监督管理条例》第八十八条规定处罚 |
| 《医疗器械监督管理条例》第八十九条 | 1. 从不具备合法资质的供货者购进医疗器械<br>2. 未建立并执行医疗器械进货查验制度<br>3. 未依照规定开展医疗器械不良事件监测，未按照要求报告不良事件，或者对不良事件调查不予配合<br>4. 未按照产品说明书的要求进行定期检查、检验、校准、保养、维护并记录的<br>5. 未妥善保存购入第三类医疗器械的原始资料的 | 按《医疗器械监督管理条例》第八十九条规定处罚 |
| 《医疗器械监督管理条例》第九十条 | 1. 对重复使用的医疗器械，使用单位未按照消毒和管理的规定进行处理<br>2. 使用单位重复使用一次性使用的医疗器械，或未按规定销毁使用过的一次性使用的医疗器械<br>3. 使用单位未按规定将大型医疗器械以及植入和介入类医疗器械的信息记载到病历中<br>4. 使用单位发现医疗器械存在安全隐患未立即停止使用、通知检修，或继续使用经检修不能达到使用安全标准的医疗器械<br>5. 使用单位违规使用大型医用设备，不能保障医疗质量安全 | 按《医疗器械监督管理条例》第九十条规定处罚 |

续表

| 法律条款 | 情形 | 处罚 |
|---|---|---|
| 《使用管理办法》第三十条 | 1. 未按规定配备与其规模相适应的医疗器械质量管理机构或者质量管理人员，或者未按规定建立覆盖质量管理全过程的使用质量管理制度<br>2. 未按规定由指定的部门或者人员统一采购医疗器械<br>3. 购进、使用未备案的第一类医疗器械<br>4. 贮存医疗器械的场所、设施及条件与医疗器械品种、数量不相适应的，或者未按照贮存条件、医疗器械有效期限等要求对贮存的医疗器械进行定期检查并记录<br>5. 未按规定建立、执行医疗器械使用前质量检查制度<br>6. 未按规定索取、保存医疗器械维护维修相关记录<br>7. 未按规定对本单位从事医疗器械维护维修的相关技术人员进行培训考核、建立培训档案<br>8. 未按规定对其医疗器械质量管理工作进行自查、形成自查报告 | 由县级以上药监部门责令限期改正，给予警告；拒不改正的，处 1 万元以下罚款 |
| 《使用管理办法》第三十一条 | 注册人、备案人、经营企业未按要求提供维修服务，或者未按要求提供维修必需的资料和信息 | 由县级以上药监部门给予警告，责令限期改正，情节严重或拒不改正的，处 0.5 万～2 万元罚款 |
| 《使用管理办法》第三十二条 | 不配合药品监督管理部门的监督检查，或者拒绝、隐瞒、不如实提供有关情况和资料 | 由县级以上药监部门责令改正，给予警告，可以并处 2 万元以下罚款 |

## 目标测试

### 一、单项选择题

1. 下列哪项不属于医疗器械的使用单位？（　　）

A. 医疗机构　　B. 计划生育技术服务机构

C. 食品加工厂　　D. 血站

2. 主管全国医疗器械使用质量监督管理工作的是（　　）

A. 国家药品监督管理局　　B. 国家卫健委

C. 国务院　　D. 国家安全生产管理部门

3. 医疗器械使用单位进货查验记录应当保存至医疗器械使用届满后（　　）年。

A. 1　　B. 2　　C. 3　　D. 4

4. 医疗器械使用单位储存医疗器械的场所、设施条件应当符合（　　）的要求。

A. 使用说明书和标签　　B. 产品技术要求

C. 使用单位规定　　D. 当地规划部门

5. 对（　　）医疗器械，应逐台建立使用档案。

A. 植入　　B. 无菌

C. 介入　　D. 使用期限长的大型医疗

6. 医疗器械使用单位应该按照（　　）要求使用医疗器械。

A. 说明书　　B. 医疗器械教科书

C. 推销者介绍　　D. 互联网上介绍

7. 医疗器械使用单位之间转让在用医疗器械的，（　　）应确保医疗器械的安全有效。

A. 接收方　　B. 县级以上食品药品监督管理部门

C. 医疗器械检测中心　　D. 转让方

8. 医疗器械使用单位使用未经注册的医疗器械的，由负责药品监督管理的部门按照《医疗器械监督管理条例》第（　　）条规定予以处罚。

A. 六十三　　B. 八十一　　C. 八十六　　D. 八十八

9.《医疗器械使用质量监督管理办法》开始施行的时间是（　　）

A. 2014年10月1日　　B. 2015年3月1日

C. 2016年6月1日　　D. 2016年2月1日

10. 未经许可擅自配置使用大型医用设备的，由县级以上人民政府卫生行政主管部门按照《医疗器械监督管理条例》第（　　）条规定处罚。

A. 八十一　　B. 八十二　　C. 八十六　　D. 八十八

## 二、多项选择题

1. 医疗器械使用单位采购医疗器械时要查验（　　）

A. 供货者资质

B. 注册证或备案凭证

C. 产品合格证明文件

D. 生产企业的营业执照

2. 医疗器械使用单位可以通过（　　）方法对医疗器械进行维修。

A. 由生产经营企业提供维修服务

B. 委托有能力的维修服务机构提供维修服务

C. 自行维修

D. 到劳务市场找人维修

3. 医疗器械生产经营企业未按要求提供维修所必需的资料和信息的，药监部门可以（　　）

A. 若产品的资料是企业的机密，不能处罚

B. 警告

C. 责令限期改正

D. 处5000~2万罚款

## 三、简答题

1. 医疗器械使用单位之间转让医疗器械有哪些要求？

2. 医疗器械使用单位应如何开展对医疗器械的维护工作？

## 四、案例分析

（医疗机构从扩大经营范围的医疗器械公司购入器械案）

某药监局对一医疗机构进行监督检查时发现，该医疗机构2020年5月从某医疗器械经营公司购进一台彩超，该产品的资质齐全。产品注册证为：国械注准20183060089号。但是，检查人员发现，该医疗器械经营公司的经营范围为二类医疗器械：医用光学器具、仪器及内镜设备；临床检验分析仪器；医用卫生材料及敷料，不包括超声诊断设备。

问题：该案应如何处罚？

# 项目七　医疗器械不良事件监测与再评价

## 任务　医疗器械不良事件监测与报告

### »任务导入

**案例**

**骨科器械使用不良事件**

2019年10月6日，骨折患者B植入体内的钢板折断，经调查，该患者7个月前股骨骨折，在A医院做了手术，手术中使用了一块金属接骨板，该钢板标示注册人、生产企业是C公司，注册证编号为：国械注准20173460495号，适用范围：用于四肢、骨盆骨折加压或保护性内固定。该产品是由D经营企业销售给A医院的，销售时注册证、生产许可证、经营许可证、产品合格证齐全。A医院是正规的骨科医院，医生严格按照医学操作规范操作。

引导问题：

1. 什么是医疗器械不良事件？

2. 该案例中医院A，患者B，注册人、生产企业C，经营企业D如何报告？

3. 该案例所在地省级药监局、国家药监局、不良反应监测中心如何处理？

## »相关知识与技能

### 一、概述

（一）名词解释

医疗器械不良事件：已上市的医疗器械，在正常使用情况下发生的，导致或者可能导致人体伤害的各种有害事件。

医疗器械不良事件监测：是指对医疗器械不良事件的收集、报告、调查、分析、评价和控制的过程。

群体医疗器械不良事件：同一医疗器械在使用过程中，在相对集中的时间、区域内发生，对一定数量人群的身体健康或者生命安全造成损害或者威胁的事件。

医疗器械再评价：对已注册或者备案、上市销售的医疗器械的安全性、有效性进行重新评价，并采取相应措施的过程。

严重伤害：是指有下列情况之一者：① 危及生命；② 导致机体功能的永久性伤害或机体结构的永久性损伤；③ 必须采取医疗措施才能避免上述永久性伤害或者损伤。

（二）产生医疗器械不良事件的原因

引发医疗器械不良事件的原因很多，涉及面广，其原因大致可归为以下四类：

1. 医疗器械上市前研究的局限性： 医疗器械在上市前都必须接受一系列的安全性有效性评价，包括物理评价、化学评价、生物学评价和临床评价。但临床评价存在时间短、病例数少、对象窄、针对性强、设计与应用容易脱节、应用定位不准确、长期效应不可知、适用人群选择偏窄等问题，许多不良事件在试验阶段无法全部发现。

2. 产品的固有风险

（1）设计因素：医疗器械在研发过程中不同程度地存在目的单纯、考虑单一、设计与临床实际不匹配、应用定位模糊等问题，造成难以回避的设计缺陷。

（2）材料因素：医疗器械部分材料的选择源自工业，经常不可避免地要面临生物相容性，放射性、微生物污染，化学物质残留、降解等实际问题。

（3）临床应用因素：不良事件的发生和手术操作过程、与其他医疗器械协同、应用人群特性、医师对新医疗器械的熟练程度等因素密切相关。

3. 医疗器械投入临床后性能退化、发生故障或损坏，不能按照预期的意愿达到所期望的目的。如：心脏瓣膜置换术后发生碟片脱落；整形外科的一些软组织充填物使用后沿重力方向移位或受肌肉活动挤压移位导致外观畸形等。

4. 偶然因素： 雷电、电击、事故停电等外来因素，都可能导致医疗器械对患者的伤害，引起不良事件。

（三）相关法规

1.《医疗器械监督管理条例》第六十一条：“国家建立医疗器械不良事件监测制度，对不良事件及时进行收集、分析、评价、控制。”

2.《医疗器械不良事件监测和再评价管理办法》（以下简称《不良事件办法》）（国家市场监督管理总局令第1号），2018年8月13日颁布。自2019年1月1日起施行。

（四）不良事件监测的职责

1. 医疗器械注册人、备案人：建立医疗器械不良事件监测体系，配备不良事件监测机构和人员，对其产品主动开展不良事件监测，并按照国务院药监部门的规定，向不良事件监测技术机构报告调查、分析、评价、产品风险控制等情况。

2. 医疗器械生产经营企业、使用单位：协助注册人、备案人对所生产经营或者使用的医疗器械开展不良事件监测；发现不良事件或者可疑不良事件，应当按照国家药监局的规定，向不良事件监测技术机构报告。

3. 其他单位和个人：发现医疗器械不良事件或者可疑不良事件，有权向药品监管部门或者不良事件监测技术机构报告。

4. 国务院药监局：负责全国医疗器械不良事件监测和再评价的监督管理工作。

5. 省级药监部门：负责本行政区域内医疗器械不良事件监测和再评价

的监督管理工作。

6. 医疗器械不良事件监测技术机构：加强医疗器械不良事件信息监测，主动收集不良事件信息。发现不良事件或者接到不良事件报告的，应当及时进行核实，必要时进行调查、分析、评估，向药监部门和卫生行政主管部门报告并提出处理建议。

## 二、医疗器械不良事件报告

### （一）报告原则

可疑即报，即怀疑某事件为不良事件时，均可以作为不良事件报告。报告内容应当真实、完整、准确。

### （二）报告范围

导致或可能导致严重伤害或死亡的不良事件应当报告，创新医疗器械在首个注册周期内，应报告该产品的所有不良事件。

### （三）报告手段

注册人、备案人、经营企业和二级以上医疗机构应注册为国家医疗器械不良事件监测信息系统用户，主动维护用户信息，通过系统报告医疗器械不良事件。

鼓励其他使用单位注册为国家医疗器械不良事件监测信息系统用户，报告不良事件相关信息。

### （四）报告要求

1. 注册人、备案人：公布电话、邮箱等联系方式，指定联系人，主动收集不良事件信息。发现不良事件，通过国家不良事件监测信息系统进行报告与评价。对收集的不良事件信息进行分析、评价，主动开展医疗器械安全性研究。

2. 经营企业、使用单位：发现可疑医疗器械不良事件，及时告知注册人、备案人，并通过不良事件监测系统报告。不具备条件的，通过纸质报表向所在地县级以上不良事件监测机构报告。

3. 不良事件监测记录：注册人、备案人、经营企业、使用单位应建立并保存不良事件监测记录。记录应当保存至医疗器械有效期后2年；无有效期的，保存期限不少于5年。植入器械的监测记录应永久保存。

4. 省级监测机构：对本行政区医疗器械不良事件报告进行综合分析，对发现的风险提出监管措施建议，每季度报省药监部门和国家监测机构。

按年度对不良事件监测情况进行汇总分析，形成年度报告，于每年3月15日前报省药监部门和国家监测机构。

5. 国家监测机构：对国家药监局推准注册或备案的医疗器械不良事件报告和各省药监部门的季度报告进行综合分析，必要时向国家药监局提出监管措施建议。

对全国不良事件年度监测情况进行汇总分析，形成年度报告，于每年3月底前报国家药监局。

省级以上药监部门将年度报告情况通报同级卫生行政主管部门。

（五）个例不良事件报告及评价

1. 报告

注册人、备案人：发现可疑不良事件的，立即调查原因，导致死亡的7日内，导致严重伤害、可能导致严重伤害或死亡的20日内，通过国家不良事件监测信息系统报告。

经营企业、使用单位：发现可疑不良事件的，应及时告知注册人、备案人。其中，导致死亡的7日内，导致严重伤害、可能导致严重伤害或死亡的20日内，通过不良事件监测信息系统报告。

其他单位和个人：发现不良事件的，可以向不良事件监测机构报告，也可以向注册人、备案人、经营企业、医疗机构报告，必要时提供相关的病历资料。

市级监测机构：自收到不良事件报告10日内，对报告的真实性、完整性和准确性进行审核，并实时反馈相关注册人、备案人。

2. 分析评价

注册人、备案人：报告不良事件或者通过医疗器械不良事件监测信息系统获知医疗器械不良事件后，应当开展后续调查、分析和评价，导致死亡的事件在30日内，导致严重伤害、可能导致严重伤害或死亡的事件在45日内向注册人、备案人所在地省级监测机构报告评价结果。

省级监测机构：在收到评价结果10日内完成对评价结果的审核，必要时可会同不良事件发生地省级监测机构对不良事件开展现场调查。

国家监测机构：对于国家局批准注册的医疗器械，国家监测机构应对省级监测机构作出的评价审核结果进行复核，必要时可以组织对导致死亡的不良事件开展调查。

审核和复核结果应当反馈注册人、备案人。

（六）群体不良事件报告报告及评价

1. 注册人、备案人、经营企业、使用单位

发现群体不良事件后，在12小时内通过电话或传真报告省级药监部门和卫生健康部门，必要时可以越级报告，同时通过不良事件监测系统报告。省级药监部门及时向注册人所在地省级药监部门通报信息。

2. 注册人、备案人

发现群体不良事件后，应当立即暂停生产、销售，通知使用单位停止使用，同时开展调查及生产质量管理体系自查，于7日内向省药监部门和监测机构报告。

调查内容：产品质量状况、伤害与产品的关联性、使用环节操作和流通过程的合规性等。

自查内容：采购、生产管理、质量控制、同型号同批次产品追踪等。

注册人、备案人应该分析事件发生的原因，及时发布风险信息，将自查情况和所采取的控制措施报省级药监部门，必要时召回相关医疗器械。

3. 经营企业、使用单位

发现或获知群体医疗器械不良事件，应在12小时内告知注册人、备案人，同时开展自查，并配合注册人开展调查。

自查内容：产品贮存、流通过程追溯，同型号同批次产品追踪等。使用单位自查还应包括使用过程是否符合操作规范和产品说明书要求等。

必要时，经营企业、使用单位应暂停医疗器械的销售、使用，并协助相关单位采取控制措施。

4. 省级药监部门

获知群体不良事件后，会同卫生健康部门及时开展现场调查，调查、评价和处理结果应当及时报国家药监局和卫生健康部门。

5. 国家药监部门

对全国范围内影响较大并造成严重伤害或死亡的群体不良事件，国家药监局应会同卫生健康部门组织调查和处理。

调查内容：医疗器械不良事件发生情况、使用情况、患者诊治情况、既往不良事件、产品生产过程、产品贮存流通情况以及同型号同批次产品追踪等。

**三、医疗器械再评价**

1. 有下列情形之一的，注册人、备案人应当主动开展再评价，并依据再评价结论，采取相应措施：① 根据科学研究的发展，对医疗器械的安全、有效有认识上改变的；② 医疗器械不良事件监测、评估结果表明医疗器械可能存在缺陷的；③ 国家药监局规定应当开展再评价的其他情形。

开展医疗器械再评价，应当根据产品上市后获知和掌握的产品安全有效信息、临床数据和使用经验等，对原注册资料中的综述资料、研究资料、临床评价资料、产品风险分析资料、产品技术要求、说明书、标签等技术数据和内容进行重新评价。

2. 再评价结果表明已注册或备案的医疗器械存在危及人身安全的缺陷，且无法通过技术改进、修改说明书和标签等措施消除控制，或者风险获益比不可接受的，注册人、备案人应当主动申请注销医疗器械注册证或取消备案。注册人、备案人未申请注销的，由原发证部门注销注册证或取消备案。

国家药监管局根据再评价结论，可以对医疗器械品种作出淘汰的决定。被淘汰的产品，其医疗器械注册证或产品备案予以注销或者取消。

被注销注册证或取消备案的医疗器械不得生产、进口、经营和使用。

## 四、法律责任

医疗器械不良事件监测违法行为的处罚见下表。

**表 7–1　医疗器械不良事件监测违法行为处罚**

| 法律条款 | 情形 | 处罚 |
| --- | --- | --- |
| 《医疗器械监督管理条例》第八十九条 | 医疗器械注册人、备案人、生产经营企业、使用单位未按规定开展医疗器械不良事件监测<br>未按要求报告不良事件；对医疗器械不良事件监测技术机构、药监部门、卫生部门开展的不良事件调查不予配合 | 按照《医疗器械监督管理条例》第八十九条的规定处罚 |
| 《不良事件办法》第七十二条 | 注册人、备案人未按要求开展再评价、隐匿再评价结果<br>应当提出注销申请而未提出的 | 由省级以上药监部门责令改正，给予警告，可以并处 1 万 ~3 万元罚款 |
| 《不良事件办法》第七十三条 | 注册人、备案人有以下情形之一的：<br>未按规定建立医疗器械不良事件监测和再评价工作制度的<br>未按要求配备与其产品相适应的机构和人员从事医疗器械不良事件监测相关工作的<br>未保存不良事件监测记录或者保存年限不足的<br>应当注册而未注册为医疗器械不良事件监测信息系统用户的<br>未主动维护用户信息，或未持续跟踪和处理监测信息的<br>未根据不良事件情况采取相应控制措施并向社会公布的<br>未按照要求撰写、提交或者留存上市后定期风险评价报告的<br>未按按照要求提交创新医疗器械产品分析评价汇总报告的<br>未公布联系方式、主动收集不良事件信息的<br>未按照要求开展医疗器械重点监测的 | 由县级以上药监部门责令改正，给予警告；拒不改正的，处 0.5 万 ~2 万元罚款 |

续表

| 法律条款 | 情形 | 处罚 |
|---|---|---|
| 《不良事件办法》第七十四条 | 经营企业、使用单位有以下情形之一的：<br>未按要求建立医疗器械不良事件监测工作制度的<br>未按要求配备与其经营或者使用规模相适应的机构或者人员从事医疗器械不良事件监测相关工作的<br>未保存不良事件监测记录或者保存年限不足的<br>应当注册而未注册为国家医疗器械不良事件监测信息系统用户的<br>未及时向注册人、备案人报告所收集或者获知的医疗器械不良事件的<br>未配合注册人、备案人对医疗器械不良事件调查和评价的 | 由县级以上药监部门和卫生部门依据各自职责责令改正，给予警告；拒不改正的，处0.5万~2万元罚款 |

## 目标测试

### 一、单项选择题

1. 承担全国医疗器械不良事件监测和再评价技术工作的部门是（　　）

A. 国家医疗器械检验中心　　B. 国家药品不良反应监测中心

C. 国家药品监督管理局　　D. 国家卫生健康委

2. 注册人、备案人发现或者获知可疑医疗器械不良事件的，应当立即调查原因，导致死亡的应当在（　　）日内报告；导致严重伤害、可能导致严重伤害或者死亡的应当在（　　）日内报告。

A. 10　20　　B. 15　30

C. 7　20　　D. 30　60

3. 医疗器械经营企业、使用单位发现或者获知可疑医疗器械不良事件的，应当及时告知（　　）。其中，导致死亡的还应当在7日内，导致严重伤害、可能导致严重伤害或者死亡的在20日内，通过国家医疗器械不良事件监测信息系统报告。

A. 注册人、备案人　　B. 不良事件监测机构

C. 国家药监局　　D. 省级药监局

4.（　　）应当建立医疗器械不良事件监测体系，配备不良事件监测机构和人员，对其产品主动开展不良事件监测。

A. 注册人、备案人　　B. 生产企业

C. 经营企业　　D. 不良事件监测机构

5. 报告医疗器械不良事件应当遵循（　　）的原则。

A. 证据确凿　　B. 可疑即报

C. 家丑不可外扬　　D. 谨慎慎重

6. 创新医疗器械在首个注册周期内，应当报告该产品的（　　）医疗器械不良事件。

A. 所有　　B. 导致死亡

C. 导致严重伤害　　D. 可能导致死亡

7. 注册人、备案人、经营企业、使用单位应当建立并保存医疗器械不良事件监测记录。记录应当保存至医疗器械有效期后（　　）年。

A. 1　　B. 2

C. 5　　D. 永久保存

8.（　　）应当公布电话、通讯地址、邮箱、传真等联系方式，指定联系人，主动收集来自医疗器械经营企业、使用单位、使用者等的不良事件信息。

A. 注册人、备案人　　B. 生产企业

C. 经营企业　　D. 医疗机构

**二、多项选择题**

1.（　　）应当协助注册人、备案人对所生产经营或者使用的医疗器械开展不良事件监测；发现不良事件，应当按照规定，向医疗器械不良事件监测技术机构报告。

A. 注册人、备案人　　B. 生产企业

C. 经营企业　　D. 使用单位

2. 严重伤害是指（　　）

A. 危及生命

B. 导致机体功能的永久性伤害或机体结构的永久性损伤

C. 必须采取医疗措施才能避免上述永久性伤害或者损伤

3. 医疗器械不良事件监测，是指对医疗器械不良事件的（　　）评价和控制的过程。

A. 收集　　B. 报告

C. 调查　　D. 分析

4.（　　）的可疑医疗器械不良事件应当报告。

A. 导致严重伤害　　B. 可能导致严重伤害

C. 导致死亡　　D. 可能导致死亡

5.（　　）应当注册为国家医疗器械不良事件监测信息系统用户，主动维护其用户信息，报告医疗器械不良事件。

A. 注册人、备案人　　B. 生产企业

C. 经营企业　　D. 二级以上医疗机构

## 三、简答题

1. 什么是医疗器械不良事件?

2. 什么是医疗器械不良事件监测?

# 附录：医疗器械监督管理条例

## 中华人民共和国国务院令

第739号

《医疗器械监督管理条例》已经2020年12月21日国务院第119次常务会议修订通过，现予公布，自2021年6月1日起施行。

总　理　李克强

2021年2月9日

## 医疗器械监督管理条例

（2000年1月4日中华人民共和国国务院令第276号公布　2014年2月12日国务院第39次常务会议修订通过　根据2017年5月4日《国务院关于修改〈医疗器械监督管理条例〉的决定》修订　2020年12月21日国务院第119次常务会议修订通过）。

### 第一章　总则

第一条　为了保证医疗器械的安全、有效，保障人体健康和生命安全，促进医疗器械产业发展，制定本条例。

第二条　在中华人民共和国境内从事医疗器械的研制、生产、经营、使用活动及其监督管理，适用本条例。

第三条　国务院药品监督管理部门负责全国医疗器械监督管理工作。

国务院有关部门在各自的职责范围内负责与医疗器械有关的监督管理工作。

第四条　县级以上地方人民政府应当加强对本行政区域的医疗器械监督管理工作的领导，组织协调本行政区域内的医疗器械监督管理工作以及突发事件应对工作，加强医疗器械监督管理能力建设，为医疗器械安全工作提供保障。

县级以上地方人民政府负责药品监督管理的部门负责本行政区域的医

疗器械监督管理工作。县级以上地方人民政府有关部门在各自的职责范围内负责与医疗器械有关的监督管理工作。

第五条 医疗器械监督管理遵循风险管理、全程管控、科学监管、社会共治的原则。

第六条 国家对医疗器械按照风险程度实行分类管理。

第一类是风险程度低，实行常规管理可以保证其安全、有效的医疗器械。

第二类是具有中度风险，需要严格控制管理以保证其安全、有效的医疗器械。

第三类是具有较高风险，需要采取特别措施严格控制管理以保证其安全、有效的医疗器械。

评价医疗器械风险程度，应当考虑医疗器械的预期目的、结构特征、使用方法等因素。

国务院药品监督管理部门负责制定医疗器械的分类规则和分类目录，并根据医疗器械生产、经营、使用情况，及时对医疗器械的风险变化进行分析、评价，对分类规则和分类目录进行调整。制定、调整分类规则和分类目录，应当充分听取医疗器械注册人、备案人、生产经营企业以及使用单位、行业组织的意见，并参考国际医疗器械分类实践。医疗器械分类规则和分类目录应当向社会公布。

第七条 医疗器械产品应当符合医疗器械强制性国家标准；尚无强制性国家标准的，应当符合医疗器械强制性行业标准。

第八条 国家制定医疗器械产业规划和政策，将医疗器械创新纳入发展重点，对创新医疗器械予以优先审评审批，支持创新医疗器械临床推广和使用，推动医疗器械产业高质量发展。国务院药品监督管理部门应当配合国务院有关部门，贯彻实施国家医疗器械产业规划和引导政策。

第九条 国家完善医疗器械创新体系，支持医疗器械的基础研究和应用研究，促进医疗器械新技术的推广和应用，在科技立项、融资、信贷、招标采购、医疗保险等方面予以支持。支持企业设立或者联合组建研制机构，鼓励企业与高等学校、科研院所、医疗机构等合作开展医疗器械的研究与创新，加强医疗器械知识产权保护，提高医疗器械自主创新能力。

第十条　国家加强医疗器械监督管理信息化建设，提高在线政务服务水平，为医疗器械行政许可、备案等提供便利。

第十一条　医疗器械行业组织应当加强行业自律，推进诚信体系建设，督促企业依法开展生产经营活动，引导企业诚实守信。

第十二条　对在医疗器械的研究与创新方面做出突出贡献的单位和个人，按照国家有关规定给予表彰奖励。

## 第二章　医疗器械产品注册与备案

第十三条　第一类医疗器械实行产品备案管理，第二类、第三类医疗器械实行产品注册管理。

医疗器械注册人、备案人应当加强医疗器械全生命周期质量管理，对研制、生产、经营、使用全过程中医疗器械的安全性、有效性依法承担责任。

第十四条　第一类医疗器械产品备案和申请第二类、第三类医疗器械产品注册，应当提交下列资料：

（一）产品风险分析资料；

（二）产品技术要求；

（三）产品检验报告；

（四）临床评价资料；

（五）产品说明书以及标签样稿；

（六）与产品研制、生产有关的质量管理体系文件；

（七）证明产品安全、有效所需的其他资料。

产品检验报告应当符合国务院药品监督管理部门的要求，可以是医疗器械注册申请人、备案人的自检报告，也可以是委托有资质的医疗器械检验机构出具的检验报告。

符合本条例第二十四条规定的免于进行临床评价情形的，可以免于提交临床评价资料。

医疗器械注册申请人、备案人应当确保提交的资料合法、真实、准确、完整和可追溯。

第十五条　第一类医疗器械产品备案，由备案人向所在地设区的市级人民政府负责药品监督管理的部门提交备案资料。

向我国境内出口第一类医疗器械的境外备案人，由其指定的我国境内企业法人向国务院药品监督管理部门提交备案资料和备案人所在国（地区）主管部门准许该医疗器械上市销售的证明文件。未在境外上市的创新医疗器械，可以不提交备案人所在国（地区）主管部门准许该医疗器械上市销售的证明文件。

备案人向负责药品监督管理的部门提交符合本条例规定的备案资料后即完成备案。负责药品监督管理的部门应当自收到备案资料之日起5个工作日内，通过国务院药品监督管理部门在线政务服务平台向社会公布备案有关信息。

备案资料载明的事项发生变化的，应当向原备案部门变更备案。

第十六条　申请第二类医疗器械产品注册，注册申请人应当向所在地省、自治区、直辖市人民政府药品监督管理部门提交注册申请资料。申请第三类医疗器械产品注册，注册申请人应当向国务院药品监督管理部门提交注册申请资料。

向我国境内出口第二类、第三类医疗器械的境外注册申请人，由其指定的我国境内企业法人向国务院药品监督管理部门提交注册申请资料和注册申请人所在国（地区）主管部门准许该医疗器械上市销售的证明文件。未在境外上市的创新医疗器械，可以不提交注册申请人所在国（地区）主管部门准许该医疗器械上市销售的证明文件。

国务院药品监督管理部门应当对医疗器械注册审查程序和要求作出规定，并加强对省、自治区、直辖市人民政府药品监督管理部门注册审查工作的监督指导。

第十七条　受理注册申请的药品监督管理部门应当对医疗器械的安全性、有效性以及注册申请人保证医疗器械安全、有效的质量管理能力等进行审查。

受理注册申请的药品监督管理部门应当自受理注册申请之日起3个工作日内将注册申请资料转交技术审评机构。技术审评机构应当在完成技术审评后，将审评意见提交受理注册申请的药品监督管理部门作为审批的依据。

受理注册申请的药品监督管理部门在组织对医疗器械的技术审评时认为有必要对质量管理体系进行核查的，应当组织开展质量管理体系核查。

第十八条　受理注册申请的药品监督管理部门应当自收到审评意见之日起20个工作日内作出决定。对符合条件的，准予注册并发给医疗器械注册证；对不符合条件的，不予注册并书面说明理由。

受理注册申请的药品监督管理部门应当自医疗器械准予注册之日起5个工作日内，通过国务院药品监督管理部门在线政务服务平台向社会公布注册有关信息。

第十九条　对用于治疗罕见疾病、严重危及生命且尚无有效治疗手段的疾病和应对公共卫生事件等急需的医疗器械，受理注册申请的药品监督管理部门可以作出附条件批准决定，并在医疗器械注册证中载明相关事项。

出现特别重大突发公共卫生事件或者其他严重威胁公众健康的紧急事件，国务院卫生主管部门根据预防、控制事件的需要提出紧急使用医疗器械的建议，经国务院药品监督管理部门组织论证同意后可以在一定范围和期限内紧急使用。

第二十条　医疗器械注册人、备案人应当履行下列义务：

（一）建立与产品相适应的质量管理体系并保持有效运行；

（二）制定上市后研究和风险管控计划并保证有效实施；

（三）依法开展不良事件监测和再评价；

（四）建立并执行产品追溯和召回制度；

（五）国务院药品监督管理部门规定的其他义务。

境外医疗器械注册人、备案人指定的我国境内企业法人应当协助注册人、备案人履行前款规定的义务。

第二十一条　已注册的第二类、第三类医疗器械产品，其设计、原材料、生产工艺、适用范围、使用方法等发生实质性变化，有可能影响该医疗器械安全、有效的，注册人应当向原注册部门申请办理变更注册手续；发生其他变化的，应当按照国务院药品监督管理部门的规定备案或者报告。

第二十二条　医疗器械注册证有效期为5年。有效期届满需要延续注册的，应当在有效期届满6个月前向原注册部门提出延续注册的申请。

除有本条第三款规定情形外，接到延续注册申请的药品监督管理部门应当在医疗器械注册证有效期届满前作出准予延续的决定。逾期未做决定的，视为准予延续。

有下列情形之一的，不予延续注册：

（一）未在规定期限内提出延续注册申请；

（二）医疗器械强制性标准已经修订，申请延续注册的医疗器械不能达到新要求；

（三）附条件批准的医疗器械，未在规定期限内完成医疗器械注册证载明事项。

第二十三条　对新研制的尚未列入分类目录的医疗器械，申请人可以依照本条例有关第三类医疗器械产品注册的规定直接申请产品注册，也可以依据分类规则判断产品类别并向国务院药品监督管理部门申请类别确认后依照本条例的规定申请产品注册或者进行产品备案。

直接申请第三类医疗器械产品注册的，国务院药品监督管理部门应当按照风险程度确定类别，对准予注册的医疗器械及时纳入分类目录。申请类别确认的，国务院药品监督管理部门应当自受理申请之日起20个工作日内对该医疗器械的类别进行判定并告知申请人。

第二十四条　医疗器械产品注册、备案，应当进行临床评价；但是符合下列情形之一，可以免于进行临床评价：

（一）工作机理明确、设计定型，生产工艺成熟，已上市的同品种医疗器械临床应用多年且无严重不良事件记录，不改变常规用途的；

（二）其他通过非临床评价能够证明该医疗器械安全、有效的。

国务院药品监督管理部门应当制定医疗器械临床评价指南。

第二十五条　进行医疗器械临床评价，可以根据产品特征、临床风险、已有临床数据等情形，通过开展临床试验，或者通过对同品种医疗器械临床文献资料、临床数据进行分析评价，证明医疗器械安全、有效。

按照国务院药品监督管理部门的规定，进行医疗器械临床评价时，已有临床文献资料、临床数据不足以确认产品安全、有效的医疗器械，应当开展临床试验。

第二十六条　开展医疗器械临床试验，应当按照医疗器械临床试验质量管理规范的要求，在具备相应条件的临床试验机构进行，并向临床试验申办者所在地省、自治区、直辖市人民政府药品监督管理部门备案。接受临床试验备案的药品监督管理部门应当将备案情况通报临床试验机构所在地同级药品监督管理部门和卫生主管部门。

医疗器械临床试验机构实行备案管理。医疗器械临床试验机构应当具备的条件以及备案管理办法和临床试验质量管理规范，由国务院药品监督管理部门会同国务院卫生主管部门制定并公布。

国家支持医疗机构开展临床试验，将临床试验条件和能力评价纳入医疗机构等级评审，鼓励医疗机构开展创新医疗器械临床试验。

第二十七条　第三类医疗器械临床试验对人体具有较高风险的，应当经国务院药品监督管理部门批准。国务院药品监督管理部门审批临床试验，应当对拟承担医疗器械临床试验的机构的设备、专业人员等条件，该医疗器械的风险程度，临床试验实施方案，临床受益与风险对比分析报告等进行综合分析，并自受理申请之日起60个工作日内作出决定并通知临床试验申办者。逾期未通知的，视为同意。准予开展临床试验的，应当通报临床试验机构所在地省、自治区、直辖市人民政府药品监督管理部门和卫生主管部门。

临床试验对人体具有较高风险的第三类医疗器械目录由国务院药品监督管理部门制定、调整并公布。

第二十八条　开展医疗器械临床试验，应当按照规定进行伦理审查，向受试者告知试验目的、用途和可能产生的风险等详细情况，获得受试者的书面知情同意；受试者为无民事行为能力人或者限制民事行为能力人的，应当依法获得其监护人的书面知情同意。

开展临床试验，不得以任何形式向受试者收取与临床试验有关的费用。

第二十九条　对正在开展临床试验的用于治疗严重危及生命且尚无有效治疗手段的疾病的医疗器械，经医学观察可能使患者获益，经伦理审查、知情同意后，可以在开展医疗器械临床试验的机构内免费用于其他病情相同的患者，其安全性数据可以用于医疗器械注册申请。

## 第三章　医疗器械生产

第三十条　从事医疗器械生产活动，应当具备下列条件：

（一）有与生产的医疗器械相适应的生产场地、环境条件、生产设备以及专业技术人员；

（二）有能对生产的医疗器械进行质量检验的机构或者专职检验人员以及检验设备；

（三）有保证医疗器械质量的管理制度；

（四）有与生产的医疗器械相适应的售后服务能力；

（五）符合产品研制、生产工艺文件规定的要求。

第三十一条　从事第一类医疗器械生产的，应当向所在地设区的市级人民政府负责药品监督管理的部门备案，在提交符合本条例第三十条规定条件的有关资料后即完成备案。

医疗器械备案人自行生产第一类医疗器械的，可以在依照本条例第十五条规定进行产品备案时一并提交符合本条例第三十条规定条件的有关资料，即完成生产备案。

第三十二条　从事第二类、第三类医疗器械生产的，应当向所在地省、自治区、直辖市人民政府药品监督管理部门申请生产许可并提交其符合本条例第三十条规定条件的有关资料以及所生产医疗器械的注册证。

受理生产许可申请的药品监督管理部门应当对申请资料进行审核，按照国务院药品监督管理部门制定的医疗器械生产质量管理规范的要求进行核查，并自受理申请之日起20个工作日内作出决定。对符合规定条件的，准予许可并发给医疗器械生产许可证；对不符合规定条件的，不予许可并书面说明理由。

医疗器械生产许可证有效期为5年。有效期届满需要延续的，依照有关行政许可的法律规定办理延续手续。

第三十三条　医疗器械生产质量管理规范应当对医疗器械的设计开发、生产设备条件、原材料采购、生产过程控制、产品放行、企业的机构设置和人员配备等影响医疗器械安全、有效的事项作出明确规定。

第三十四条　医疗器械注册人、备案人可以自行生产医疗器械，也可以委托符合本条例规定、具备相应条件的企业生产医疗器械。

委托生产医疗器械的，医疗器械注册人、备案人应当对所委托生产的医疗器械质量负责，并加强对受托生产企业生产行为的管理，保证其按照法定要求进行生产。医疗器械注册人、备案人应当与受托生产企业签订委托协议，明确双方权利、义务和责任。受托生产企业应当依照法律法规、医疗器械生产质量管理规范、强制性标准、产品技术要求和委托协议组织生产，对生产行为负责，并接受委托方的监督。

具有高风险的植入性医疗器械不得委托生产，具体目录由国务院药品监督管理部门制定、调整并公布。

第三十五条　医疗器械注册人、备案人、受托生产企业应当按照医疗器械生产质量管理规范，建立健全与所生产医疗器械相适应的质量管理体系并保证其有效运行；严格按照经注册或者备案的产品技术要求组织生产，保证出厂的医疗器械符合强制性标准以及经注册或者备案的产品技术要求。

医疗器械注册人、备案人、受托生产企业应当定期对质量管理体系的运行情况进行自查，并按照国务院药品监督管理部门的规定提交自查报告。

第三十六条　医疗器械的生产条件发生变化，不再符合医疗器械质量管理体系要求的，医疗器械注册人、备案人、受托生产企业应当立即采取整改措施；可能影响医疗器械安全、有效的，应当立即停止生产活动，并向原生产许可或者生产备案部门报告。

第三十七条　医疗器械应当使用通用名称。通用名称应当符合国务院药品监督管理部门制定的医疗器械命名规则。

第三十八条　国家根据医疗器械产品类别，分步实施医疗器械唯一标识制度，实现医疗器械可追溯，具体办法由国务院药品监督管理部门会同国务院有关部门制定。

第三十九条　医疗器械应当有说明书、标签。说明书、标签的内容应当与经注册或者备案的相关内容一致，确保真实、准确。

医疗器械的说明书、标签应当标明下列事项：

（一）通用名称、型号、规格；

（二）医疗器械注册人、备案人、受托生产企业的名称、地址以及联系方式；

（三）生产日期，使用期限或者失效日期；

（四）产品性能、主要结构、适用范围；

（五）禁忌、注意事项以及其他需要警示或者提示的内容；

（六）安装和使用说明或者图示；

（七）维护和保养方法，特殊运输、贮存的条件、方法；

（八）产品技术要求规定应当标明的其他内容。

第二类、第三类医疗器械还应当标明医疗器械注册证编号。

由消费者个人自行使用的医疗器械还应当具有安全使用的特别说明。

## 第四章　医疗器械经营与使用

第四十条　从事医疗器械经营活动，应当有与经营规模和经营范围相适应的经营场所和贮存条件，以及与经营的医疗器械相适应的质量管理制度和质量管理机构或者人员。

第四十一条　从事第二类医疗器械经营的，由经营企业向所在地设区的市级人民政府负责药品监督管理的部门备案并提交符合本条例第四十条规定条件的有关资料。

按照国务院药品监督管理部门的规定，对产品安全性、有效性不受流通过程影响的第二类医疗器械，可以免于经营备案。

第四十二条　从事第三类医疗器械经营的，经营企业应当向所在地设区的市级人民政府负责药品监督管理的部门申请经营许可并提交符合本条例第四十条规定条件的有关资料。

受理经营许可申请的负责药品监督管理的部门应当对申请资料进行审查，必要时组织核查，并自受理申请之日起20个工作日内作出决定。对符合规定条件的，准予许可并发给医疗器械经营许可证；对不符合规定条件的，不予许可并书面说明理由。

医疗器械经营许可证有效期为5年。有效期届满需要延续的，依照有关行政许可的法律规定办理延续手续。

第四十三条　医疗器械注册人、备案人经营其注册、备案的医疗器械，无需办理医疗器械经营许可或者备案，但应当符合本条例规定的经营条件。

第四十四条　从事医疗器械经营，应当依照法律法规和国务院药品监督管理部门制定的医疗器械经营质量管理规范的要求，建立健全与所经营医疗器械相适应的质量管理体系并保证其有效运行。

第四十五条　医疗器械经营企业、使用单位应当从具备合法资质的医疗器械注册人、备案人、生产经营企业购进医疗器械。购进医疗器械时，应当查验供货者的资质和医疗器械的合格证明文件，建立进货查验记录制度。从事第二类、第三类医疗器械批发业务以及第三类医疗器械零售业务的经营企业，还应当建立销售记录制度。

记录事项包括：

（一）医疗器械的名称、型号、规格、数量；

（二）医疗器械的生产批号、使用期限或者失效日期、销售日期；

（三）医疗器械注册人、备案人和受托生产企业的名称；

（四）供货者或者购货者的名称、地址以及联系方式；

（五）相关许可证明文件编号等。

进货查验记录和销售记录应当真实、准确、完整和可追溯，并按照国务院药品监督管理部门规定的期限予以保存。国家鼓励采用先进技术手段进行记录。

第四十六条　从事医疗器械网络销售的，应当是医疗器械注册人、备案人或者医疗器械经营企业。从事医疗器械网络销售的经营者，应当将从事医疗器械网络销售的相关信息告知所在地设区的市级人民政府负责药品监督管理的部门，经营第一类医疗器械和本条例第四十一条第二款规定的第二类医疗器械的除外。

为医疗器械网络交易提供服务的电子商务平台经营者应当对入网医疗器械经营者进行实名登记，审查其经营许可、备案情况和所经营医疗器械产品注册、备案情况，并对其经营行为进行管理。电子商务平台经营者发现入网医疗器械经营者有违反本条例规定行为的，应当及时制止并立即报告医疗器械经营者所在地设区的市级人民政府负责药品监督管理的部门；发现严重违法行为的，应当立即停止提供网络交易平台服务。

第四十七条　运输、贮存医疗器械，应当符合医疗器械说明书和标签标示的要求；对温度、湿度等环境条件有特殊要求的，应当采取相应措施，保证医疗器械的安全、有效。

第四十八条　医疗器械使用单位应当有与在用医疗器械品种、数量相适应的贮存场所和条件。医疗器械使用单位应当加强对工作人员的技术培训，按照产品说明书、技术操作规范等要求使用医疗器械。

医疗器械使用单位配置大型医用设备，应当符合国务院卫生主管部门制定的大型医用设备配置规划，与其功能定位、临床服务需求相适应，具有相应的技术条件、配套设施和具备相应资质、能力的专业技术人员，并经省级以上人民政府卫生主管部门批准，取得大型医用设备配置许可证。

大型医用设备配置管理办法由国务院卫生主管部门会同国务院有关部门制定。大型医用设备目录由国务院卫生主管部门商国务院有关部门提出，报国务院批准后执行。

第四十九条　医疗器械使用单位对重复使用的医疗器械，应当按照国务院卫生主管部门制定的消毒和管理的规定进行处理。

一次性使用的医疗器械不得重复使用，对使用过的应当按照国家有关规定销毁并记录。一次性使用的医疗器械目录由国务院药品监督管理部门会同国务院卫生主管部门制定、调整并公布。列入一次性使用的医疗器械目录，应当具有充足的无法重复使用的证据理由。重复使用可以保证安全、有效的医疗器械，不列入一次性使用的医疗器械目录。对因设计、生产工艺、消毒灭菌技术等改进后重复使用可以保证安全、有效的医疗器械，应当调整出一次性使用的医疗器械目录，允许重复使用。

第五十条　医疗器械使用单位对需要定期检查、检验、校准、保养、维护的医疗器械，应当按照产品说明书的要求进行检查、检验、校准、保养、维护并予以记录，及时进行分析、评估，确保医疗器械处于良好状态，保障使用质量；对使用期限长的大型医疗器械，应当逐台建立使用档案，记录其使用、维护、转让、实际使用时间等事项。记录保存期限不得少于医疗器械规定使用期限终止后5年。

第五十一条　医疗器械使用单位应当妥善保存购入第三类医疗器械的原始资料，并确保信息具有可追溯性。

使用大型医疗器械以及植入和介入类医疗器械的，应当将医疗器械的名称、关键性技术参数等信息以及与使用质量安全密切相关的必要信息记载到病历等相关记录中。

第五十二条　发现使用的医疗器械存在安全隐患的，医疗器械使用单位应当立即停止使用，并通知医疗器械注册人、备案人或者其他负责产品质量的机构进行检修；经检修仍不能达到使用安全标准的医疗器械，不得继续使用。

第五十三条　对国内尚无同品种产品上市的体外诊断试剂，符合条件的医疗机构根据本单位的临床需要，可以自行研制，在执业医师指导下在本单位内使用。具体管理办法由国务院药品监督管理部门会同国务院卫生主管部门制定。

第五十四条　负责药品监督管理的部门和卫生主管部门依据各自职责，分别对使用环节的医疗器械质量和医疗器械使用行为进行监督管理。

第五十五条　医疗器械经营企业、使用单位不得经营、使用未依法注册或者备案、无合格证明文件以及过期、失效、淘汰的医疗器械。

第五十六条　医疗器械使用单位之间转让在用医疗器械，转让方应当确保所转让的医疗器械安全、有效，不得转让过期、失效、淘汰以及检验不合格的医疗器械。

第五十七条　进口的医疗器械应当是依照本条例第二章的规定已注册或者已备案的医疗器械。

进口的医疗器械应当有中文说明书、中文标签。说明书、标签应当符合本条例规定以及相关强制性标准的要求，并在说明书中载明医疗器械的原产地以及境外医疗器械注册人、备案人指定的我国境内企业法人的名称、地址、联系方式。没有中文说明书、中文标签或者说明书、标签不符合本条规定的，不得进口。

医疗机构因临床急需进口少量第二类、第三类医疗器械的，经国务院药品监督管理部门或者国务院授权的省、自治区、直辖市人民政府批准，可以进口。进口的医疗器械应当在指定医疗机构内用于特定医疗目的。

禁止进口过期、失效、淘汰等已使用过的医疗器械。

第五十八条　出入境检验检疫机构依法对进口的医疗器械实施检验；检验不合格的，不得进口。

国务院药品监督管理部门应当及时向国家出入境检验检疫部门通报进口医疗器械的注册和备案情况。进口口岸所在地出入境检验检疫机构应当及时向所在地设区的市级人民政府负责药品监督管理的部门通报进口医疗器械的通关情况。

第五十九条　出口医疗器械的企业应当保证其出口的医疗器械符合进口国（地区）的要求。

第六十条　医疗器械广告的内容应当真实合法，以经负责药品监督管理的部门注册或者备案的医疗器械说明书为准，不得含有虚假、夸大、误导性的内容。

发布医疗器械广告，应当在发布前由省、自治区、直辖市人民政府确定的广告审查机关对广告内容进行审查，并取得医疗器械广告批准文号；未经审查，不得发布。

省级以上人民政府药品监督管理部门责令暂停生产、进口、经营和使用的医疗器械，在暂停期间不得发布涉及该医疗器械的广告。

医疗器械广告的审查办法由国务院市场监督管理部门制定。

## 第五章　不良事件的处理与医疗器械的召回

第六十一条　国家建立医疗器械不良事件监测制度，对医疗器械不良事件及时进行收集、分析、评价、控制。

第六十二条　医疗器械注册人、备案人应当建立医疗器械不良事件监测体系，配备与其产品相适应的不良事件监测机构和人员，对其产品主动开展不良事件监测，并按照国务院药品监督管理部门的规定，向医疗器械不良事件监测技术机构报告调查、分析、评价、产品风险控制等情况。

医疗器械生产经营企业、使用单位应当协助医疗器械注册人、备案人对所生产经营或者使用的医疗器械开展不良事件监测；发现医疗器械不良事件或者可疑不良事件，应当按照国务院药品监督管理部门的规定，向医疗器械不良事件监测技术机构报告。

其他单位和个人发现医疗器械不良事件或者可疑不良事件，有权向负责药品监督管理的部门或者医疗器械不良事件监测技术机构报告。

第六十三条　国务院药品监督管理部门应当加强医疗器械不良事件监测信息网络建设。

医疗器械不良事件监测技术机构应当加强医疗器械不良事件信息监测，主动收集不良事件信息；发现不良事件或者接到不良事件报告的，应当及时进行核实，必要时进行调查、分析、评估，向负责药品监督管理的部门和卫生主管部门报告并提出处理建议。

医疗器械不良事件监测技术机构应当公布联系方式，方便医疗器械注册人、备案人、生产经营企业、使用单位等报告医疗器械不良事件。

第六十四条　负责药品监督管理的部门应当根据医疗器械不良事件评估结果及时采取发布警示信息以及责令暂停生产、进口、经营和使用等控制措施。

省级以上人民政府药品监督管理部门应当会同同级卫生主管部门和相关部门组织对引起突发、群发的严重伤害或者死亡的医疗器械不良事件及时进行调查和处理，并组织对同类医疗器械加强监测。

负责药品监督管理的部门应当及时向同级卫生主管部门通报医疗器械使用单位的不良事件监测有关情况。

第六十五条　医疗器械注册人、备案人、生产经营企业、使用单位应当对医疗器械不良事件监测技术机构、负责药品监督管理的部门、卫生主管部门开展的医疗器械不良事件调查予以配合。

第六十六条　有下列情形之一的，医疗器械注册人、备案人应当主动开展已上市医疗器械再评价：

（一）根据科学研究的发展，对医疗器械的安全、有效有认识上的改变；

（二）医疗器械不良事件监测、评估结果表明医疗器械可能存在缺陷；

（三）国务院药品监督管理部门规定的其他情形。

医疗器械注册人、备案人应当根据再评价结果，采取相应控制措施，对已上市医疗器械进行改进，并按照规定进行注册变更或者备案变更。再评价结果表明已上市医疗器械不能保证安全、有效的，医疗器械注册人、备案人应当主动申请注销医疗器械注册证或者取消备案；医疗器械注册人、备案人未申请注销医疗器械注册证或者取消备案的，由负责药品监督管理的部门注销医疗器械注册证或者取消备案。

省级以上人民政府药品监督管理部门根据医疗器械不良事件监测、评估等情况，对已上市医疗器械开展再评价。再评价结果表明已上市医疗器械不能保证安全、有效的，应当注销医疗器械注册证或者取消备案。

负责药品监督管理的部门应当向社会及时公布注销医疗器械注册证和取消备案情况。被注销医疗器械注册证或者取消备案的医疗器械不得继续生产、进口、经营、使用。

第六十七条　医疗器械注册人、备案人发现生产的医疗器械不符合强制性标准、经注册或者备案的产品技术要求，或者存在其他缺陷的，应当立即停止生产，通知相关经营企业、使用单位和消费者停止经营和使用，召回已经上市销售的医疗器械，采取补救、销毁等措施，记录相关情况，发布相关信息，并将医疗器械召回和处理情况向负责药品监督管理的部门和卫生主管部门报告。

医疗器械受托生产企业、经营企业发现生产、经营的医疗器械存在前款规定情形的，应当立即停止生产、经营，通知医疗器械注册人、备案人，并记录停止生产、经营和通知情况。医疗器械注册人、备案人认为属于依照前款规定需要召回的医疗器械，应当立即召回。

医疗器械注册人、备案人、受托生产企业、经营企业未依照本条规定实施召回或者停止生产、经营的，负责药品监督管理的部门可以责令其召回或者停止生产、经营。

## 第六章　监督检查

第六十八条　国家建立职业化专业化检查员制度，加强对医疗器械的监督检查。

第六十九条　负责药品监督管理的部门应当对医疗器械的研制、生产、经营活动以及使用环节的医疗器械质量加强监督检查，并对下列事项进行重点监督检查：

（一）是否按照经注册或者备案的产品技术要求组织生产；

（二）质量管理体系是否保持有效运行；

（三）生产经营条件是否持续符合法定要求。

必要时，负责药品监督管理的部门可以对为医疗器械研制、生产、经营、使用等活动提供产品或者服务的其他相关单位和个人进行延伸检查。

第七十条　负责药品监督管理的部门在监督检查中有下列职权：

（一）进入现场实施检查、抽取样品；

（二）查阅、复制、查封、扣押有关合同、票据、账簿以及其他有关资料；

（三）查封、扣押不符合法定要求的医疗器械，违法使用的零配件、原材料以及用于违法生产经营医疗器械的工具、设备；

（四）查封违反本条例规定从事医疗器械生产经营活动的场所。

进行监督检查，应当出示执法证件，保守被检查单位的商业秘密。

有关单位和个人应当对监督检查予以配合，提供相关文件和资料，不得隐瞒、拒绝、阻挠。

第七十一条　卫生主管部门应当对医疗机构的医疗器械使用行为加强监督检查。实施监督检查时，可以进入医疗机构，查阅、复制有关档案、记录以及其他有关资料。

第七十二条　医疗器械生产经营过程中存在产品质量安全隐患，未及时采取措施消除的，负责药品监督管理的部门可以采取告诫、责任约谈、责令限期整改等措施。

对人体造成伤害或者有证据证明可能危害人体健康的医疗器械，负责药品监督管理的部门可以采取责令暂停生产、进口、经营、使用的紧急控制措施，并发布安全警示信息。

第七十三条　负责药品监督管理的部门应当加强对医疗器械注册人、备案人、生产经营企业和使用单位生产、经营、使用的医疗器械的抽查检验。抽查检验不得收取检验费和其他任何费用，所需费用纳入本级政府预算。省级以上人民政府药品监督管理部门应当根据抽查检验结论及时发布医疗器械质量公告。

卫生主管部门应当对大型医用设备的使用状况进行监督和评估；发现违规使用以及与大型医用设备相关的过度检查、过度治疗等情形的，应当立即纠正，依法予以处理。

第七十四条　负责药品监督管理的部门未及时发现医疗器械安全系统性风险，未及时消除监督管理区域内医疗器械安全隐患的，本级人民政府或者上级人民政府负责药品监督管理的部门应当对其主要负责人进行约谈。

地方人民政府未履行医疗器械安全职责，未及时消除区域性重大医疗器械安全隐患的，上级人民政府或者上级人民政府负责药品监督管理的部门应当对其主要负责人进行约谈。

被约谈的部门和地方人民政府应当立即采取措施，对医疗器械监督管理工作进行整改。

第七十五条　医疗器械检验机构资质认定工作按照国家有关规定实行统一管理。经国务院认证认可监督管理部门会同国务院药品监督管理部门认定的检验机构，方可对医疗器械实施检验。

负责药品监督管理的部门在执法工作中需要对医疗器械进行检验的，应当委托有资质的医疗器械检验机构进行，并支付相关费用。

当事人对检验结论有异议的，可以自收到检验结论之日起7个工作日内向实施抽样检验的部门或者其上一级负责药品监督管理的部门提出复检申请，由受理复检申请的部门在复检机构名录中随机确定复检机构进行复检。承担复检工作的医疗器械检验机构应当在国务院药品监督管理部门规定的时间内作出复检结论。复检结论为最终检验结论。复检机构与初检机构不得为同一机构；相关检验项目只有一家有资质的检验机构的，复检时应当变更承办部门或者人员。复检机构名录由国务院药品监督管理部门公布。

第七十六条　对可能存在有害物质或者擅自改变医疗器械设计、原材料和生产工艺并存在安全隐患的医疗器械，按照医疗器械国家标准、行业标准规定的检验项目和检验方法无法检验的，医疗器械检验机构可以使用国务院药品监督管理部门批准的补充检验项目和检验方法进行检验；使用补充检验项目、检验方法得出的检验结论，可以作为负责药品监督管理的部门认定医疗器械质量的依据。

第七十七条　市场监督管理部门应当依照有关广告管理的法律、行政法规的规定，对医疗器械广告进行监督检查，查处违法行为。

第七十八条　负责药品监督管理的部门应当通过国务院药品监督管理部门在线政务服务平台依法及时公布医疗器械许可、备案、抽查检验、违法行为查处等日常监督管理信息。但是，不得泄露当事人的商业秘密。

负责药品监督管理的部门建立医疗器械注册人、备案人、生产经营企业、使用单位信用档案，对有不良信用记录的增加监督检查频次，依法加强失信惩戒。

第七十九条　负责药品监督管理的部门等部门应当公布本单位的联系方式，接受咨询、投诉、举报。负责药品监督管理的部门等部门接到与医疗器械监督管理有关的咨询，应当及时答复；接到投诉、举报，应当及时核实、处理、答复。对咨询、投诉、举报情况及其答复、核实、处理情况，应当予以记录、保存。

有关医疗器械研制、生产、经营、使用行为的举报经调查属实的，负责药品监督管理的部门等部门对举报人应当给予奖励。有关部门应当为举报人保密。

第八十条　国务院药品监督管理部门制定、调整、修改本条例规定的目录以及与医疗器械监督管理有关的规范，应当公开征求意见；采取听证会、论证会等形式，听取专家、医疗器械注册人、备案人、生产经营企业、使用单位、消费者、行业协会以及相关组织等方面的意见。

## 第七章　法律责任

第八十一条　有下列情形之一的，由负责药品监督管理的部门没收违法所得、违法生产经营的医疗器械和用于违法生产经营的工具、设备、原材料等物品；违法生产经营的医疗器械货值金额不足1万元的，并处5万元以上15万元以下罚款；货值金额1万元以上的，并处货值金额15倍以上30倍以下罚款；情节严重的，责令停产停业，10年内不受理相关责任人以及单位提出的医疗器械许可申请，对违法单位的法定代表人、主要负责人、直接负责的主管人员和其他责任人员，没收违法行为发生期间自本单位所获收入，并处所获收入30%以上3倍以下罚款，终身禁止其从事医疗器械生产经营活动：

（一）生产、经营未取得医疗器械注册证的第二类、第三类医疗器械；

（二）未经许可从事第二类、第三类医疗器械生产活动；

（三）未经许可从事第三类医疗器械经营活动。

有前款第一项情形、情节严重的，由原发证部门吊销医疗器械生产许可证或者医疗器械经营许可证。

第八十二条　未经许可擅自配置使用大型医用设备的，由县级以上人民政府卫生主管部门责令停止使用，给予警告，没收违法所得；违法所得不足1万元的，并处5万元以上10万元以下罚款；违法所得1万元以上的，并处违法所得10倍以上30倍以下罚款；情节严重的，5年内不受理相关责任人以及单位提出的大型医用设备配置许可申请，对违法单位的法定代表人、主要负责人、直接负责的主管人员和其他责任人员，没收违法行为发生期间自本单位所获收入，并处所获收入30%以上3倍以下罚款，依法给予处分。

第八十三条　在申请医疗器械行政许可时提供虚假资料或者采取其他欺骗手段的，不予行政许可，已经取得行政许可的，由作出行政许可决定的部门撤销行政许可，没收违法所得、违法生产经营使用的医疗器械，10年内不受理相关责任人以及单位提出的医疗器械许可申请；违法生产经营使用的医疗器械货值金额不足1万元的，并处5万元以上15万元以下罚款；

货值金额1万元以上的，并处货值金额15倍以上30倍以下罚款；情节严重的，责令停产停业，对违法单位的法定代表人、主要负责人、直接负责的主管人员和其他责任人员，没收违法行为发生期间自本单位所获收入，并处所获收入30%以上3倍以下罚款，终身禁止其从事医疗器械生产经营活动。

伪造、变造、买卖、出租、出借相关医疗器械许可证件的，由原发证部门予以收缴或者吊销，没收违法所得；违法所得不足1万元的，并处5万元以上10万元以下罚款；违法所得1万元以上的，并处违法所得10倍以上20倍以下罚款；构成违反治安管理行为的，由公安机关依法予以治安管理处罚。

第八十四条　有下列情形之一的，由负责药品监督管理的部门向社会公告单位和产品名称，责令限期改正；逾期不改正的，没收违法所得、违法生产经营的医疗器械；违法生产经营的医疗器械货值金额不足1万元的，并处1万元以上5万元以下罚款；货值金额1万元以上的，并处货值金额5倍以上20倍以下罚款；情节严重的，对违法单位的法定代表人、主要负责人、直接负责的主管人员和其他责任人员，没收违法行为发生期间自本单位所获收入，并处所获收入30%以上2倍以下罚款，5年内禁止其从事医疗器械生产经营活动：

（一）生产、经营未经备案的第一类医疗器械；

（二）未经备案从事第一类医疗器械生产；

（三）经营第二类医疗器械，应当备案但未备案；

（四）已经备案的资料不符合要求。

第八十五条　备案时提供虚假资料的，由负责药品监督管理的部门向社会公告备案单位和产品名称，没收违法所得、违法生产经营的医疗器械；违法生产经营的医疗器械货值金额不足1万元的，并处2万元以上5万元以下罚款；货值金额1万元以上的，并处货值金额5倍以上20倍以下罚款；情节严重的，责令停产停业，对违法单位的法定代表人、主要负责人、直接负责的主管人员和其他责任人员，没收违法行为发生期间自本单位所获收入，并处所获收入30%以上3倍以下罚款，10年内禁止其从事医疗器械生产经营活动。

第八十六条　有下列情形之一的，由负责药品监督管理的部门责令改正，没收违法生产经营使用的医疗器械；违法生产经营使用的医疗器械货值金额不足1万元的，并处2万元以上5万元以下罚款；货值金额1万元以上的，并处货值金额5倍以上20倍以下罚款；情节严重的，责令停产停业，直至由原发证部门吊销医疗器械注册证、医疗器械生产许可证、医疗器械经营许可证，对违法单位的法定代表人、主要负责人、直接负责的主管人员和其他责任人员，没收违法行为发生期间自本单位所获收入，并处所获收入30%以上3倍以下罚款，10年内禁止其从事医疗器械生产经营活动：

（一）生产、经营、使用不符合强制性标准或者不符合经注册或者备案的产品技术要求的医疗器械；

（二）未按照经注册或者备案的产品技术要求组织生产，或者未依照本条例规定建立质量管理体系并保持有效运行，影响产品安全、有效；

（三）经营、使用无合格证明文件、过期、失效、淘汰的医疗器械，或者使用未依法注册的医疗器械；

（四）在负责药品监督管理的部门责令召回后仍拒不召回，或者在负责药品监督管理的部门责令停止或者暂停生产、进口、经营后，仍拒不停止生产、进口、经营医疗器械；

（五）委托不具备本条例规定条件的企业生产医疗器械，或者未对受托生产企业的生产行为进行管理；

（六）进口过期、失效、淘汰等已使用过的医疗器械。

第八十七条　医疗器械经营企业、使用单位履行了本条例规定的进货查验等义务，有充分证据证明其不知道所经营、使用的医疗器械为本条例第八十一条第一款第一项、第八十四条第一项、第八十六条第一项和第三项规定情形的医疗器械，并能如实说明其进货来源的，收缴其经营、使用的不符合法定要求的医疗器械，可以免除行政处罚。

第八十八条　有下列情形之一的，由负责药品监督管理的部门责令改正，处1万元以上5万元以下罚款；拒不改正的，处5万元以上10万元以下罚款；情节严重的，责令停产停业，直至由原发证部门吊销医疗器械生产许可证、医疗器械经营许可证，对违法单位的法定代表人、主要负责人、直接负责的主管人员和其他责任人员，没收违法行为发生期间自本单位所获收入，并处所获收入30%以上2倍以下罚款，5年内禁止其从事医疗器械生产经营活动：

（一）生产条件发生变化、不再符合医疗器械质量管理体系要求，未依照本条例规定整改、停止生产、报告；

（二）生产、经营说明书、标签不符合本条例规定的医疗器械；

（三）未按照医疗器械说明书和标签标示要求运输、贮存医疗器械；

（四）转让过期、失效、淘汰或者检验不合格的在用医疗器械。

第八十九条　有下列情形之一的，由负责药品监督管理的部门和卫生主管部门依据各自职责责令改正，给予警告；拒不改正的，处1万元以上10万元以下罚款；情节严重的，责令停产停业，直至由原发证部门吊销医疗器械注册证、医疗器械生产许可证、医疗器械经营许可证，对违法单位的法定代表人、主要负责人、直接负责的主管人员和其他责任人员处1万元以上3万元以下罚款：

（一）未按照要求提交质量管理体系自查报告；

（二）从不具备合法资质的供货者购进医疗器械；

（三）医疗器械经营企业、使用单位未依照本条例规定建立并执行医疗器械进货查验记录制度；

（四）从事第二类、第三类医疗器械批发业务以及第三类医疗器械零售业务的经营企业未依照本条例规定建立并执行销售记录制度；

（五）医疗器械注册人、备案人、生产经营企业、使用单位未依照本条例规定开展医疗器械不良事件监测，未按照要求报告不良事件，或者对医疗器械不良事件监测技术机构、负责药品监督管理的部门、卫生主管部门开展的不良事件调查不予配合；

（六）医疗器械注册人、备案人未按照规定制定上市后研究和风险管控计划并保证有效实施；

（七）医疗器械注册人、备案人未按照规定建立并执行产品追溯制度；

（八）医疗器械注册人、备案人、经营企业从事医疗器械网络销售未按照规定告知负责药品监督管理的部门；

（九）对需要定期检查、检验、校准、保养、维护的医疗器械，医疗器械使用单位未按照产品说明书要求进行检查、检验、校准、保养、维护并予以记录，及时进行分析、评估，确保医疗器械处于良好状态；

（十）医疗器械使用单位未妥善保存购入第三类医疗器械的原始资料。

第九十条　有下列情形之一的，由县级以上人民政府卫生主管部门责令改正，给予警告；拒不改正的，处5万元以上10万元以下罚款；情节严重的，处10万元以上30万元以下罚款，责令暂停相关医疗器械使用活动，直至由原发证部门吊销执业许可证，依法责令相关责任人员暂停6个月以上1年以下执业活动，直至由原发证部门吊销相关人员执业证书，对违法单位的法定代表人、主要负责人、直接负责的主管人员和其他责任人员，没收违法行为发生期间自本单位所获收入，并处所获收入30%以上3倍以下罚款，依法给予处分：

（一）对重复使用的医疗器械，医疗器械使用单位未按照消毒和管理的规定进行处理；

（二）医疗器械使用单位重复使用一次性使用的医疗器械，或者未按照规定销毁使用过的一次性使用的医疗器械；

（三）医疗器械使用单位未按照规定将大型医疗器械以及植入和介入类医疗器械的信息记载到病历等相关记录中；

（四）医疗器械使用单位发现使用的医疗器械存在安全隐患未立即停止使用、通知检修，或者继续使用经检修仍不能达到使用安全标准的医疗器械；

（五）医疗器械使用单位违规使用大型医用设备，不能保障医疗质量安全。

第九十一条　违反进出口商品检验相关法律、行政法规进口医疗器械的，由出入境检验检疫机构依法处理。

第九十二条　为医疗器械网络交易提供服务的电子商务平台经营者违

反本条例规定，未履行对入网医疗器械经营者进行实名登记，审查许可、注册、备案情况，制止并报告违法行为，停止提供网络交易平台服务等管理义务的，由负责药品监督管理的部门依照《中华人民共和国电子商务法》的规定给予处罚。

第九十三条　未进行医疗器械临床试验机构备案开展临床试验的，由负责药品监督管理的部门责令停止临床试验并改正；拒不改正的，该临床试验数据不得用于产品注册、备案，处5万元以上10万元以下罚款，并向社会公告；造成严重后果的，5年内禁止其开展相关专业医疗器械临床试验，并处10万元以上30万元以下罚款，由卫生主管部门对违法单位的法定代表人、主要负责人、直接负责的主管人员和其他责任人员，没收违法行为发生期间自本单位所获收入，并处所获收入30%以上3倍以下罚款，依法给予处分。

临床试验申办者开展临床试验未经备案的，由负责药品监督管理的部门责令停止临床试验，对临床试验申办者处5万元以上10万元以下罚款，并向社会公告；造成严重后果的，处10万元以上30万元以下罚款。该临床试验数据不得用于产品注册、备案，5年内不受理相关责任人以及单位提出的医疗器械注册申请。

临床试验申办者未经批准开展对人体具有较高风险的第三类医疗器械临床试验的，由负责药品监督管理的部门责令立即停止临床试验，对临床试验申办者处10万元以上30万元以下罚款，并向社会公告；造成严重后果的，处30万元以上100万元以下罚款。该临床试验数据不得用于产品注册，10年内不受理相关责任人以及单位提出的医疗器械临床试验和注册申请，对违法单位的法定代表人、主要负责人、直接负责的主管人员和其他责任人员，没收违法行为发生期间自本单位所获收入，并处所获收入30%以上3倍以下罚款。

第九十四条　医疗器械临床试验机构开展医疗器械临床试验未遵守临床试验质量管理规范的，由负责药品监督管理的部门责令改正或者立即停止临床试验，处5万元以上10万元以下罚款；造成严重后果的，5年内禁止其开展相关专业医疗器械临床试验，由卫生主管部门对违法单位的法定代表人、主要负责人、直接负责的主管人员和其他责任人员，没收违法行为发生期间自本单位所获收入，并处所获收入30%以上3倍以下罚款，依法给予处分。

第九十五条　医疗器械临床试验机构出具虚假报告的，由负责药品监督管理的部门处10万元以上30万元以下罚款；有违法所得的，没收违法所得；10年内禁止其开展相关专业医疗器械临床试验；由卫生主管部门对违法单位的法定代表人、主要负责人、直接负责的主管人员和其他责任人员，没收违法行为发生期间自本单位所获收入，并处所获收入30%以上3倍以下罚款，依法给予处分。

第九十六条　医疗器械检验机构出具虚假检验报告的，由授予其资质的主管部门撤销检验资质，10年内不受理相关责任人以及单位提出的资质认定申请，并处10万元以上30万元以下罚款；有违法所得的，没收违法所得；对违法单位的法定代表人、主要负责人、直接负责的主管人员和其他责任人员，没收违法行为发生期间自本单位所获收入，并处所获收入30%以上3倍以下罚款，依法给予处分；受到开除处分的，10年内禁止其从事医疗器械检验工作。

第九十七条　违反本条例有关医疗器械广告管理规定的，依照《中华人民共和国广告法》的规定给予处罚。

第九十八条　境外医疗器械注册人、备案人指定的我国境内企业法人未依照本条例规定履行相关义务的，由省、自治区、直辖市人民政府药品监督管理部门责令改正，给予警告，并处5万元以上10万元以下罚款；情节严重的，处10万元以上50万元以下罚款，5年内禁止其法定代表人、主要负责人、直接负责的主管人员和其他责任人员从事医疗器械生产经营活动。

境外医疗器械注册人、备案人拒不履行依据本条例作出的行政处罚决定的，10年内禁止其医疗器械进口。

第九十九条　医疗器械研制、生产、经营单位和检验机构违反本条例规定使用禁止从事医疗器械生产经营活动、检验工作的人员的，由负责药品监督管理的部门责令改正，给予警告；拒不改正的，责令停产停业直至吊销许可证件。

第一百条　医疗器械技术审评机构、医疗器械不良事件监测技术机构未依照本条例规定履行职责，致使审评、监测工作出现重大失误的，由负责药品监督管理的部门责令改正，通报批评，给予警告；造成严重后果的，对违法单位的法定代表人、主要负责人、直接负责的主管人员和其他责任人员，依法给予处分。

第一百零一条　负责药品监督管理的部门或者其他有关部门工作人员违反本条例规定，滥用职权、玩忽职守、徇私舞弊的，依法给予处分。

第一百零二条　违反本条例规定，构成犯罪的，依法追究刑事责任；造成人身、财产或者其他损害的，依法承担赔偿责任。

## 第八章　附则

第一百零三条　本条例下列用语的含义：

医疗器械，是指直接或者间接用于人体的仪器、设备、器具、体外诊断试剂及校准物、材料以及其他类似或者相关的物品，包括所需要的计算机软件；其效用主要通过物理等方式获得，不是通过药理学、免疫学或者代谢的方式获得，或者虽然有这些方式参与但是只起辅助作用；其目的是：

（一）疾病的诊断、预防、监护、治疗或者缓解；

（二）损伤的诊断、监护、治疗、缓解或者功能补偿；

（三）生理结构或者生理过程的检验、替代、调节或者支持；

（四）生命的支持或者维持；

（五）妊娠控制；

（六）通过对来自人体的样本进行检查，为医疗或者诊断目的提供信息。

医疗器械注册人、备案人，是指取得医疗器械注册证或者办理医疗器械备案的企业或者研制机构。

医疗器械使用单位，是指使用医疗器械为他人提供医疗等技术服务的机构，包括医疗机构、计划生育技术服务机构、血站、单采血浆站、康复辅助器具适配机构等。

大型医用设备，是指使用技术复杂、资金投入量大、运行成本高、对医疗费用影响大且纳入目录管理的大型医疗器械。

第一百零四条　医疗器械产品注册可以收取费用。具体收费项目、标准分别由国务院财政、价格主管部门按照国家有关规定制定。

第一百零五条　医疗卫生机构为应对突发公共卫生事件而研制的医疗器械的管理办法，由国务院药品监督管理部门会同国务院卫生主管部门制定。

从事非营利的避孕医疗器械的存储、调拨和供应，应当遵守国务院卫生主管部门会同国务院药品监督管理部门制定的管理办法。

中医医疗器械的技术指导原则，由国务院药品监督管理部门会同国务院中医药管理部门制定。

第一百零六条　军队医疗器械使用的监督管理，依照本条例和军队有关规定执行。

第一百零七条　本条例自2021年6月1日起施行。